「律」に学ぶ生き方の智慧

佐々木閑

新潮選書

「律」に学ぶ生き方の智慧　目次

「律」に学ぶ生き方の智慧

まえがき

幸せな人生というのは、どういう人生なのか。

それが最初から分かっていれば苦労はない。あらかじめ決められた「幸せ」に向かって脇目もふらずに歩んでいけば、いつの間にかゴールに到達していたというのなら、人の一生は単純明快。「明るく楽しい競い合い」の世界になるはずだ。最後までがんばって「幸せ」を手にすれば優勝、惜しいところまでいって終わったら努力賞で、途中で棄権したら参加賞、といった具合にすべてが一列で評価されるなら、勝っても負けても、最後は気持ちよく納得して一生の幕を引くことができる。

しかし、人が生きるということは、そんな単純な「一律評価」の話ではない。人生は人それぞれ。目標も違えば、そこに到達するための道筋も違う。自分にとっての幸せの基準はなにか、という一番おおもとの前提が違えば、人の人生は皆違ってくる。それは、一本の線の上に並べて点数でランクづけできるものではない。皆バラバラで、比べても仕方のないものだ。

「人生の意味は人それぞれ」。それが現代の生活原理である。だから私たちは、その「人生の意味」を自分で見つけていかねばならない。それは苦労の多い仕事だ。もし社会全体がなにか一つの方向性を持っていて、我々を強制的に特定の生き方へと導いてくれる時代なら、そういう苦労は必要ない。外から与えられた価値観に身を任せ、全体と一緒になって生きていけば心も満足する。しかし今の時代は、そんなふうに私たちを上手に洗脳してくれる強大な価値観というものがない。「みんな自由なのだから、生きる意味は自分で考えなさい」といって放り出されて、あとは手探り運頼み。現代に生きる我々は、大いなる自由の世界で、自分の判断だけを頼りにとぼとぼ歩み続ける寂しい旅人である。

そこで、「どこに人生の意味」を見つけるか、という問題になる。たとえばお金を生き甲斐にするというのも立派な生き方である。あるいは、地位や肩書きを得るために日々努力するというのもまっとうだ。考えようによって、生きる意味はいくらでも見つかる。ただし、「もの」とか「肩書き」といった外界の付属品は、時として本人の意向に反して、たちまちのうちに消滅してしまうことがある。状況が変わればあっという間に消えてしまう脆弱さを持っている。一生の間、ずっと生き甲斐として私たちを支えてくれる保証がないのだ。しかもそれらは、「死」という究極の災厄の前では無力である。死が近づいてくると、お金も肩書きも、次第に無意味なものになっていく。「いくらそんなものがあったって」という気が起これば、もうそれは生き甲斐ではない。死ぬまでずっと変わらずつきあってくれる生き甲斐、人はそれを手に入れようと探し求めるのだが、「自由に自分で考えなさい」と優しく見放されている現代社会で、それを自力で見つけ出すのは難しい。そこが問題なのだ。

では、私たちが一番頼りにできる生き甲斐とはなにか。最大限に広い言い方で答えよう。それは「一生涯続けることのできる、自分の好きなこと」である。外界から無理強いされていやいやするのではない、自分がやりたくてやりたくて仕方がないことを好きなだけやる、そういう毎日が死ぬまで続くなら、人は「生きてきてよかった」としみじみ思う。さらに言うなら、そうしてやり続けていることの成果が蓄積していって、はっきりとした姿で現れてくるなら、喜びは倍増する。もっと言うと、その成果が、自分が死んだあとも残る恒久的なものだと、なおさら満足感は深くなる。「今自分がやっていることの意味は、死んだ後もずっと残る」という思いは、人に強い安心感を与えてくれる。「もの」や「肩書き」を生き甲斐にすることもできるが、それよりも「一生涯続けることのできる、自分の好きなこと」の方が生き甲斐としての信頼度が高い。さらにそれが、「死後の世界にまで永続性を持つもの」なら、なおさら好ましい。

そういった生き甲斐の代表例が宗教である。単なるセレモニーや通過儀礼としての宗教を言っているのではない。安心して生きるための心の支えとして自分から積極的に受け入れ、日々その教えの中で喜びを感じながら暮らす。そういった、実効性のある宗教に出会った人は、それを真の生き甲斐とすることができる。たとえばアッラーの慈愛を感じながら生きるイスラム教徒とか、阿弥陀如来の救いを信じて念仏で暮らす浄土信仰の信者たちは、その生活自体が、なにものにも代え難い生き甲斐になっているのである。しかもそれは、一生涯、死ぬまで続く。いやむしろ、死が近づけば近づくほど、その価値は高くなっていく。

宗教が一生続く生き甲斐になる一番の理由は、それが死後の世界を扱うからである。死んだ後の世界に希望を持つことができれば死が怖くなくなる。したがって、死を越えて先へ進むことを我々に説き示す宗教という活動は、死ぬまで我々に「生きる希望」を与え続けてくれるのである。だがその宗教も、科学的世界観をベースとする現代社会においては、存在価値が下がってきている。神のような絶対存在を信じることができない多くの現代人にとって、宗教を一番の生き甲斐にして日々を暮らすという生き方は容易に実現できるものではない。死後の幸福を説く宗教は、死後の世界の存在を信じる人たちにとってはこのうえない生き甲斐となり、人生の支えとなるが、それを心底信じ切ることのできない人にとっては「怪しい妄説」としか映らない。現代社会は、その意味で、宗教が力を発揮しにくい世界になってきているのである。

しかし、宗教ばかりが生き甲斐の供給源ではない。「あなたには一生続く生き甲斐がありますか」と問われれば、宗教と全く関係のない世界からも様々な答が返ってくるだろう。たとえば「何百年もの間、誰も解くことができなかった数学の問題を解決することが生き甲斐だという数学者」「宇宙の真理を解き明かしたいと日夜研究に没頭している物理学者」「国民に、幸せで安楽な生活を与えたいと願って活動している政治家」「この世を、できるだけ住みやすい世界にしたいと考えて人助けに力を注ぐボランティア活動家」「心を揺さぶる作品を創るために人生を賭けている芸術家」。こういう人たちが選んだのも皆、「一生涯続けることのできる、自分の好きなこと」である。

このように、既存の宗教的世界観が弱まっている現代社会においても、選択することのできる生き甲斐は様々なところにある。いやむしろ、宗教の効力が薄れてきている現代社会だからこそ、それに代わる拠り所として一層多彩な生き甲斐の道が生まれ、その存在価値も高まっているのである。

私はこの本で、そういった様々な生き甲斐を「正しく」選択するためにはどうしたらよいか、その基準をはっきりさせたいと考えている。なにか特定の宗教に身を寄せて生きるのも生き甲斐ならば、科学者になって宇宙の真理を探究するのも生き甲斐、政治家になって世界を幸福にするのも生き甲斐、あるいは会社の中にいながら給料や肩書きでは購えない特別な目的のために精進するのも生き甲斐。そういった、この世にごまんとある生き甲斐社会のすべてに共通する基本原則を、できるだけ分かりやすく解説するのが目的なのである。

特に私が念頭に置いているのは、同じ価値観を持ち、同じ生き甲斐を共有しようと考える人たちが作る「生き甲斐のための組織」のあり方である。一人ひとりが個別に生き甲斐を求めていく分には、どのような道をたどるのも本人次第だが、同じ生き方を求める人たちが集まって組織を作るようになると、その組織の形態の違いによって、中身に善し悪しがでてくる。

充実した人生を手に入れるつもりで入った組織が、その人本人や周りの人たちに大変な不幸をもたらすというケースはいくらでもある。大規模なケースで言えば、ヒトラーを崇拝してナチス党員になった人々、大東亜共栄圏の理想を信じて軍事政権に従った人たち、社会革命を夢見た連合赤軍のメンバーたち。小さなものなら、論文捏造教授を信じてその門下に入り、大切な学生時代を棒に振った学生とか、立派な人だと信じて政治家の秘書になったのに、その政治家の汚職の責任を背負わされて犯罪者になった人など、世の中には、生き甲斐を求める人たちを引き寄せて、不幸のどん底に突き落とす、恐ろしい罠がいたるところに待ちかまえている。

あとから振り返れば、「どうして、あんなものに騙されたのか」と悔やむことになるが、多くの場合、その恐ろしさは美しい大義名分の下に隠されているので、それを初めから見抜くことは難しい。本当に私たちの一生を支えてくれる「良い生き甲斐組織」と、不幸をもたらす「悪い生き甲斐組織」の違いを区別するには、あらかじめ、そのための判断基準を理解しておくことが必要なのである。

私は本書で、「律」と呼ばれる、仏教世界独自の法律集を紹介するが、それがこの判断基準を非常に明確に示してくれる。律というのは、仏教修行者が共同生活を送りながら一般社会の中で生きていくために定められた「組織運営のためのマニュアル」であり、そこには「生き甲斐のための組織を安定的に維持していくための智慧」が詰まっている。その律を用いて様々な組織の運営方式を見ていくことで、美しい大義名分の下に隠されていた「良い生き甲斐組織」

と「悪い生き甲斐組織」の違いが浮かび上がってくる。
たとえばオウム真理教。仏教学者の私から見ても、仏教とオウム真理教の「教え」はほとんど同じなのだが、一方は二五〇〇年もの間、人々に慕われ続けているのに対して、もう一方は、わずか数年で殺人教団へと変貌し崩壊した。この差が生じる根底には「律」のあるなしが関わっている。「律」が語る組織運営の理念こそが、生き甲斐のための組織を正しく導いていく指導原理となるのである。

日本ではほとんど誰も知らない「律」という法体系には、現代社会で生き甲斐を探し求める人たちをサポートする情報が沢山含まれている。それは仏教やオウム真理教といった宗教世界だけでなく、科学者や政治家など、国の根幹に関わる重要な領域の組織運営にも応用できる。どのような分野であれ、「良い生き甲斐組織」には共通する運営形態というものがあり、そのエッセンスを集積したのが「律」なのである。

「人生の意味」を自分の力で見つけ出していかねばならない現代社会においては、「律」の理念こそが生き甲斐選びの道しるべになると確信している。本書が、「一生涯続けることのできる、自分の好きなこと」を探す人のお役に立つことを心から願っている。

第一章　律とはなにか

この本では、世の中にある様々な「生き甲斐のための組織」のあるべき姿を明らかにしていこうと考えているが、そのための基盤として、「律」と呼ばれる仏教独自の法律集を利用していく。そこでまず第一章において「律とはなにか」という一番基本的な問題を取り上げる。だがその前にまず、仏教という宗教そのものについてある程度の説明をしておきたい。なぜ仏教に律という法律が必要なのか、それを理解するためには、仏教が持つ独自の運営理念を知っておく必要があるからである。

「修行する」宗教

仏教という宗教は約二五〇〇年前にこの世に現れた。創ったのは釈迦である。場所はインド。その釈迦は次のように考えた。

我々が生きているこの世の中というものは、本質的に苦しみばかりだ。生きていれば必ず年を取り、病気になり、死ぬ。死んだあとはまたどこかに生まれ変わって、そこでも同じような苦しみが続く。永遠に続く輪廻《りんね》の中で、我々生き物は苦しみ続けねばならない。どこかに超越的な絶対者がいて救ってくれるというのなら希望も湧くが、そういう不可思議な存在は世界のどこにもいない。私たちは、誰からも助けてもらえず、永遠に苦しみの海で漂うしかないのである。だが、そういう絶望的な状況から抜け出す方法が一つだけある。それは強い精神集中の力によって自分の心の中の悪い要素を消し去るという方法である（その悪い要素を「煩悩《ぼんのう》」という）。我々が輪廻という苦しみの泥沼から逃げられないのは、煩悩があるせいだ。煩悩が輪廻のエネルギー源になっているのだ。だから自力で煩悩を消すことができれば、我々は輪廻から解放される。輪廻から解放され、時間の流れを超越した絶対平安の状態に入ることができる。そこには真の幸福がある。したがって真の幸福に到達するには、煩悩を消す以外に方法はない。「修行の力で煩悩を消す」。それが我々にとって一番重要な、他のなにものにも代えがたい大切な活動だ。

こう考えた釈迦は、人が自分の煩悩を消し去るための修練の場として、仏教という宗教を創設した。世俗で暮らしていたのではとうてい実現できない「心の改良」という困難な、しかしやり甲斐のある目標に向かって人々がひたすら修行するための組織、それが本来の仏教というものである。つまり出家した僧侶が、釈迦の教えをマニュアルとして集団生活を送りながら、ひとりひとりがそれぞれに悟りの境地を目指すという構造である（そのマニュアルが「お経」と呼ばれる）。

この構造はキリスト教やイスラム教のような「祈りの宗教」とは根本的に違っている。外界の絶対者に祈りを捧げることで救われようという思いはないから、仏教の修行者はなにかに祈るということがない。自分の努力で自己を改良し、それによって煩悩を消し、苦しみから逃れようと考える以上、必要なのは祈りではなく自助努力である。釈迦の仏教というのは、ひたすら自助努力に専念する修行者のために構築された組織体なのである。

「三宝」とは

釈迦は、弟子たちが修行という特別な生活を正しく続けていくことができるよう、仏教をつくったわけだが、その釈迦の仏教は、三つの基本要素に分けて考えることができる。伝統的な呼び方でいうと、仏と法と僧である。三つ合わせて三宝《さんぽう》という。聖徳太子の十七条憲法で「篤《あつ》く三宝を敬え」という、あの三宝である。

もし「仏教とはなんですか」と人に尋ねられたなら、様々な答えがあり得るにしても、ともかく「それは三宝です」と答えれば間違いはない。仏教は仏と法と僧の三要素が合体したものだ、という定義づけは、すべての仏教世界に共通する基本原理なのである。では三宝とはなにか。自助努力のための特殊な組織体として創られた仏教を構成する三要素、仏、法、僧とは、一体どういうものなのか。

まず最初に「仏」。原語は「ブッダ」である。これは実際には釈迦を指す。釈迦は、インドの北、ヒマラヤ山脈のふもとにあったカピラヴァスツという国の王子として生まれ、恵まれた青年時代を送っていたのだが、やがて人として生きることに強い苦しみを感じるようになり、なんとかそれを自力で克服したいと願うようになる。それである時、意を決して出家し、家族も財産も地位も肩書きもすべて捨てた身一つの姿となって森の中に入り、ひたすら修行に専念し、ついに菩提樹の下で悟りを開いたのである。そのあと彼は、その自分自身の修行体験をまわりの悩み多き人々に教えてまわり、「みんなで修行して、本当の安楽へと向かう道を一緒に歩もう」と励ました。自分一人だけでなく、できるだけ多くの人に良き道を歩んでもらいたいという慈悲の心がそうさせたのである。そういう布教活動を八十になるまで延々と続け、クシナガラというところで静かに亡くなった。釈迦の死を涅槃《ねはん》という（正確には無余依涅槃《むよえねはん》）。釈迦のおかげで、私たちは生きる苦しみから逃れる道、すなわち仏教というものに出会うことができた。釈迦がいなければ、仏教がこの世に現れることはなかった。したがって、釈迦すなわち仏は、仏教の不可欠の要素となる。「釈迦を敬慕し、その教えを信頼すること」、それが仏教の必須要件なのである。

釈迦という人はすでに二五〇〇年前に亡くなって無余依涅槃に入ってしまったのだから、今はどこにもいない（釈迦のように悟りを開いた人が、死後どこかに生まれ変わるということは決してあり得ない）。したがって「釈迦を敬慕する」と言ってもそれは、今どこかにいる釈迦の生まれ変わりを崇めて祈って、なにか御利益を頂戴しようというのではない。釈迦はもうどこにもいないのだが、その釈迦が説いた「悟りへの道」は、きっと我々に生きるための正しい拠り所を与えてくれるに違いないと確信し、釈迦の教えに従って進んでみようと決意すること、それが「仏を崇める」ということの本来の意味である。この気持ちがなければ、仏教信者として生きる、その最初の一歩が踏み出せない。したがって、仏という存在は、仏教の三大構成要素の一つとなるのである。

釈迦はもういないのだから、生身の釈迦を崇めるということは不可能だ。したがって、仏教徒が仏を崇めるという行為は、あくまで心の内で行われることになる。つまり「釈迦を心の中で崇め、その慈悲の思いに感謝して手を合わす」のである。しかしそうはいっても、釈迦の存在を示すシンボルのようなものが目の前にあれば、敬慕の念を表現しやすい。そういう意味で、最初は単に心で念じていた仏という抽象的概念も、長い歴史の中で次第に具体的物体で表されるようになり、それが仏像や仏画や仏塔といった、仏の姿を現わすための独自の文物に置き換えられていった。つまり、仏教修行者にとって本来は心の中の存在であった「仏」も、時代がたつにつれ、仏像などの物体で表されるようになったのである。今では、世界中のどの仏教寺院でも、仏像があり、仏画が掛かり、その前で人々が手を合わせているが、それはこういった歴史的変化のあとで生じた後の時代の光景である。実際、歴史学的に見ても、仏像や仏画というものが作られ始めたのは釈迦が亡くなって五百年近くたったあとのことであり、それまでは信者が仏像に手を合わすといった場景はなかった。本来の意味でいえば、「釈迦を信頼してその後についていこう」という思いを持つことこそが、「仏を崇める」ことの真の意味であって、それをどのような形で表現するかは二次的な問題なのである。心の中で思うにしろ、あるいは仏像や仏画を拝むにしろ、ともかく、釈迦という人物がいなければ仏教は成り立たない。これが三宝の第一番目に仏が来る理由である。

三宝の二つめは「法」。「ダンマ」という。それは「教え」という意味である。釈迦が人々に説き示してくれた教えのことで、これなくしては仏教が成り立たないという、仏教の精髄である。いくら釈迦という人がこの世に生まれて、修行して、悟りを開いても、その体験を正しく分かりやすい言葉で説明してくれなかったなら、我々が釈迦の通った道を辿ることはできない。釈迦の教えが間違いのないかたちで伝わってはじめて、我々も仏教世界に参入することができる。法は我々に「仏教徒としての知識、心構え、修行の道筋」の一つひとつを教えてくれる。法を理解してはじめて、人は正しく釈迦の教えを実践することができる。したがって法もまた、仏教を形成する基本要素となる。当然のことである。

ではその法は、具体的にはどういった形で表されるのか。釈迦の頃のインドは、文字で記録するという文化が未発達で、情報はすべて口伝えで伝達されていた。したがって釈迦の教えである法もまた、それを聞いた弟子が孫弟子に口伝で伝え、孫弟子がまたその弟子に教えるというかたちで、頭の中の記憶として伝えられていった。そのころの法は、形のない、記憶情報だったのである。しかしそれも、釈迦の死後四、五百年頃から文字で記録する時代が到来し、文書化されるようになる。今から二〇〇〇年ほど前のことである。そして教えが、木の皮や椰子の葉などにインクで書き記されるようになった。最初はもちろんインド語で書かれていたが、仏教がインドを越えて周辺の様々な国に伝わっていくと、行った先のそれぞれの国の言葉に翻訳され、それぞれの国の文字で書かれるようになって、今では実に多種多様な釈迦の教えが並び立つようになった。仏教世界には、いろいろな言葉で法が伝わっているのである。代表的なものを挙げれば、サンスクリット語、パーリ語、中国語、チベット語といった言葉がある。サンスクリット語はインドの仏教徒が長く用いていた、一種の雅《みやび》言葉である。インドでは最も格式の高い言語とされている。パーリ語というのは、もともとインドの一地方方言であったが、後にスリランカや東南アジアの仏教世界で用いられるようになった言葉。今でもこれら南方仏教国の僧侶たちは、このパーリ語で教えを説いている。日本のお坊さんの場合は、中国語つまり漢文で書かれたお経を法事などで読んでいる。インドから中国へと伝わった法が中国で漢文に翻訳され、それがそのまま、海を渡って日本に入ってきたからである。

このように法が文書化されるようになると、その文書そのものを崇拝の対象と考える傾向もでてきた。法を崇拝するということは、その文書自体（たとえば木の皮や椰子の葉や紙の巻物や、あるいは石に彫った刻文など）を大切に守ることだと考えられるようになったのである。伝説によれば、聖徳太子が日本に仏教を導入する際、大陸から伝えられたお経を読んで、それに対して自分で註釈をつけたとされている（その註釈を『三経義疏《さんぎょうぎしょ》』という）。この話の意味は、「法は正しく日本の地に伝わった。日本人は法の意味を正しく理解している正真正銘の仏教徒である。聖徳太子が見事な註釈をお書きになったのがその証拠である。日本は間違いなく正統なる仏教国だ」という日本側のメッセージである。「法を理解すること」が、日本が正統なる仏教国になるための必須条件だと考えられていたことがよく分かる。仏を信頼しない宗教が仏教ではないのと同様に、その仏の教えである法を正しく伝えていない宗教もまた、仏教とは呼べない。仏と法、どちらが欠けても仏教は成り立たないのである。

そして三宝の三番目が「僧」。実はこれが、仏教とオウム真理教の違いを示す一番大切なキーポイントなのだが、その本質が我々日本人にはよく分かっていない。日本で僧と言えば、誰もがお坊さんのことだと考える。だから三宝の一つが僧だと聞くと、「仏教にとって大切なのはお坊さんの存在だ」と考えてしまうが、実はそうではない。坊さんがいるだけでは仏教は成立しないのである。僧はお坊さんという意味ではない。僧という言葉の意味をお坊さんだと考えるようになったのは仏教が生まれてずっとあと、仏教が中国に伝わってからの話である。

では僧とはなにか。僧のインド原語は「サンガ（僧伽）」といって、意味は「集団」である。このことから分かるように、僧とは人の集団を指す呼称である。正確には、「坊さんが四人以上集まって、修行のための集団生活を送っている、その組織」を指す名称である。仏教には男性のお坊さん（比丘《びく》）も女性のお坊さん（比丘尼《びくに》）もいるが、両者が混じり合って集団を作ることは許されない。男性なら男性だけ、女性なら女性だけがそれぞれ四人以上集まって一つの共同体を作っている、それを僧と呼ぶ。決して個々人のお坊さんを指しているのではない。同性のお坊さんが集まり、独自の規則を守りながら、粛々と修行の日々を送る、そういった状況を総体として僧と呼ぶのである。

以下この本では、そういった組織としての僧のことをインド語を使って「サンガ」と呼ぶ。そしてひとりひとりのお坊さんのことは「僧侶」と呼ぶことにする。サンガ（僧伽）のメンバーといった意味合いである。つまり僧侶が四人以上集まってつくる組織がサンガということになる。

サンガと律

サンガは僧侶の集団だと言ったが、単に僧侶が集まって暮らしているというだけの集合体ではない。サンガには特有の規則が決まっていて、僧侶たちがその規則にしたがって整然とした生活を送っている時、はじめてそれはサンガと呼ばれる。そのサンガ特有の規則のことを「律」と呼ぶのである。日本という国家があれば、それを運営するための法律が必ず必要になるのと同じく、サンガという組織体があれば、そこには必ず律という独自の法体系が必要とされる。サンガで暮らす僧侶たちは、いついかなる場合も、律の規則に従って行動しなければならない。律がサンガ生活のすべてを司っているのである。そもそも、最初にサンガを作る段階から、「サンガを作るため」の律の規則というものがあって、それに従った手続きが必要となる。律がなければ、サンガを作ることさえできないのである。サンガの作り方について少し説明しよう。

サンガを作るためには、まず四人以上の同性の僧侶が一ヵ所に集まっていなければならない。男四人以上または女四人以上の僧侶がいてはじめて、新たなサンガを生み出すことができるということである。彼らはまず、決められた方法で「サンガの領域」というものを設定する。「この領域の内側をサンガとします」という取り決めである。その広さは数十メートル四方から数百メートル四方。別に正方形や長方形でなくても、とにかく誰にでも分かる目印を使って一定の広さの空間を指定し、そこをサンガの領域として設定するのである。たとえば大きな石とか目立つ木などを指定して、それらを線で結んだ範囲をサンガの領域とする。その領域のことを「界」（シーマー）という。そして界を設定するこの手続きのことを「結界《けっかい》」という。もしそこにすでに建物が建っているなら、「この建物の敷地を界にします」と言えば手っ取り早い。それが今で言う、お寺の境内というものである。結界によって、そのサンガの場所というものがはっきり決まる。「この範囲の内側がサンガであり、そこから外はサンガでない」という判断ができるようになるのである。そしてその界の中で暮らす僧侶は、そのサンガのメンバーということになる。

したがって、このことから分かるように、一つのサンガというものは、せいぜい数百メートル四方の領域から成る小さな集団であって、メンバーはいつも顔を合わせながら暮らしている。

仏教という宗教は、このように比較的小規模な独立集団としてのサンガが各地に散在している、その集合体として成り立っているのである。

同じ界の中で暮らす僧侶たちは、一つのサンガのメンバーということになるから、共同生活を送らねばならない。自分だけが勝手な行動をとることは決して許されない。それが仏教の僧侶に定められた鉄則である。そしてその際の共同生活のための規則集が律である。したがって、サンガに属するすべてのメンバーは、律の規則に基づいて、一体となって集団行動を取らねばならない。たとえばどういう決まりがあるかというと、「半月に一度、満月の日と新月の日は、全員がサンガ内の一ヵ所に集合して反省会を開かねばならない」とか、「サンガの中でなにか決め事がある場合は、サンガの全員が集合して、全員一致を原則として決議しなければならない」とか、「悪い事をした比丘は、サンガの全員の決議によって罰を与えられねばならない」といった具合である。物事は常にサンガを単位として行われる。僧侶が個人的に好き勝手することは許されない。この鉄則を破って利己的に行動した場合は、律の決まりに従って罰則が与えられる。だからこそ仏教は「組織宗教」なのである。

「半月に一度、反省会を開かねばならない」とか「決め事は全員一致で決議しなければならない」といった、「なになにしなければならない」というスタイルの行動マニュアルとは別に、「なになにしてはならない」という禁止事項も律の中には数多く含まれている。そこにはたとえば「物を盗んではならない」とか「人を殺してはならない」といった規則が延々、二百ヵ条以上入っている（女性サンガの場合は三百以上）。その各々の罪の重さに応じて、与えられる罰も決まっていて、たとえば僧侶がものを盗んだり人を殺した場合は、その罰は仏教世界からの永久追放である。

僧侶というものは、こうやってガチガチに決められた規則で生活を定式化しながら、毎日毎日自己鍛錬の修行を続けていく。サンガの生活はなにを置いても規則優先なのである。

あるサンガに属している僧侶が、そこを離れて別のサンガに移動することは少しも構わない。サンガからサンガへと移動している最中は、集団を離れて一人旅ということになるが、それは特例として認められている。原則としてはサンガに属して暮らすことが推奨されるのだが、特別な理由がある場合には、単独行動も許される。ただしその場合も、律によって決められた「単独行動時の規定」というものに従わねばならない。仏教の僧侶というものは、とにかく規則に縛られる。サンガは全く厳格な法治社会なのである。

なぜ「集団」なのか

ここで非常に基本的な点に立ち戻ってみよう。仏教は三宝、すなわち仏と法と僧（サンガ）によって成り立つといったが、なぜサンガなどという組織が必要なのか。なぜこんなガチガチの規則に縛られながら集団生活を送らねばならないのか。たとえば修行者が一人ひとり、ばらばらに単独行動をとってもいいのではないか。一年に一回だけ、どこかにみんなが集まって説法の会を開き、そこで長老が法を説き、それを皆で聞き、あとは自分の好きな場所で好きに暮らしながら修行に励む、というスタイルでもいいのではないか。なぜ仏教は、「修行者は必ずサンガに属して生活せよ」と言うのか。

その答えは修行生活の効率化である。集団で暮らすことになにか奥深い宗教的な意味があるわけではない。一人で暮らすよりも皆で集まって協力し合いながら生活した方が、修行がスムーズに進む、それがサンガ制定の唯一の理由なのである。これはおそらく釈迦自身のアイデアであろう。釈迦は、たった一人で何年も試行錯誤を繰り返した末ようやく悟りを開いたが、自分の弟子たちに、その同じ苦労の道を歩ませようとは思わなかった。弟子たちには、「共同生活の中で教え合い、助け合いながら修行せよ」と言ったのである。釈迦の伝記には、そのことがはっきり示されている。菩提樹の下に坐って悟りを開いたあと、釈迦が初めて法を説いた時の話である（この最初の説法を「初転法輪《しょてんぼうりん》」という）。初転法輪の場には五人の弟子がいたが、そのうち二人が釈迦から教えを聞いている間は、残りの三人が托鉢《たくはつ》に出て食物を集めてまわり、その三人が教えを聞いている時は、二人が托鉢にまわる、といった方法で役割分担をしながら生活したというのである。ここには、サンガの本質的意義は修行の効率化にあるという意識が明確に現れている。

集団で暮らすと、どういった点が効率的なのか。まず一番の理由は、先生から弟子へと正しく迅速に教えが伝わる、つまり教育の環境が抜群に良くなるという点である。仏教は「自分で修行の道を歩む宗教」であり、その歩み方を教えてくれたのが釈迦である。したがって、その釈迦の教えを十分に学び、吸収していかないと出家して修行者になった意味がない。修行の大前提は「先輩から学ぶ」ということなのだ。そのためサンガの内部では非常に緻密な教育制度が構築されており、新入りの若年者でもシステマティックに釈迦の教えを体得できるようになっている（その具体的内容については第五章で紹介する）。そのような教育制度を機能させるためには、どうしてもサンガという集団生活体制が必要なのである。

二番目の理由は相互扶助のため。修行というのは一生続く息の長い活動である。一年、二年やってすぐ完成などというものではない。目的は悟りだが、実際のところは悟りそのものよりも、悟りを目指して努力するその日々を、死ぬまで継続するところに意味があるとも言える。したがって、人は修行しているうちに年を取り、身体も弱ってくる。もし一人ひとりが独立して生活しているとすると、身体の弱った者はそれっきりで修行を打ち切らざるを得なくなる。それどころか、生きていくことさえできない。そんな時、誰が扶養してくれるのか。誰もいなければ野垂れ死にである。これを防ぐため、皆が集まって生活し、その中で健康なメンバーが弱ったメンバーを養うという相互扶助システムが導入された。僧侶が年をとったり病気になったりして自由がきかなくなった場合は、まわりの者が皆で助けて食事の世話や病気の看病をする。そういう保障制度が定着していることで、誰もが安心して出家することができる。それはみな、仏教がサンガという共同体によって運営されていることの利点である。

さらには、雑務の省力化というメリットもある。いくら修行者だからといって、掃除も洗濯もせずに動物のような姿で暮らすわけにはいかない。ある程度は生活を端正に保っておく必要がある。そのための雑務を、一人暮らしならばすべて自分一人でこなさねばならないが、集団で暮らしていると、役割分担や当番制によって効率的に済ますことができる。それはすなわち、その分の余った労力を本来の目的である修行にまわすことができるということを意味する。これもまた、サンガを形成することの重要な利点のひとつとなる。

他にも、盗賊から身を守るための集団防衛や当番制による布教活動などサンガを作って初めて可能になる活動は多い。仏教が修行を第一義とする宗教である以上、その修行を少しでも効率よく実践できる体制が推奨されるのは当然であり、その結果がサンガという独自の組織体として結実したのである。仏教が集団体制によって運営されているのは、あくまで修行の効率化を図るためであって、それ以外に理由はない。これは仏教をオウム真理教と比較する際に大変重要なポイントとなるので注目しておいてもらいたい。

念のためにサンガの全体像を簡単なイメージとして語ると次のようになる。たとえばインドの地図があったとする。その広いインドの各地に、百坪とか二百坪、あるいは千坪、二千坪といった広さの界を持つサンガがあちこちに散在している。その一つひとつのサンガには数十人、数百人といった数の僧侶が住んでいて、律に沿った規則正しい修行生活を送っている。サンガはすべて男女別々で、ひとつのサンガに男と女が混合で暮らすことは絶対にない（ただし交流は許されている)。サンガから別のサンガへ僧侶が移動することは全く自由だから、サンガ内の人員は常に変化している。そこにずっと住み続ける僧侶もいれば、旅から旅へ常に移動し続ける僧侶もいる。こういう、ある程度の自由度を持ちながら、ゆるやかな組織体としてサンガは運営されていた。その、インド全域に広がる無数のサンガの全体を上から俯瞰したものが、「インドの仏教世界」ということになるのである。

サンガが個々の僧侶ではなく、その僧侶たちによってつくられた組織を意味するという事実は、非常に重要である。集団で修行する僧侶の組織がないなら、それは仏教ではないということだ。美しい仏像があって、山のようにお経の巻物が積んであって、そのあたりにお坊さんが住んでいたとしても、そのお坊さんたちが一団となって独立組織を形成し、定められた律の規則に従って修行生活をしていなければそれは仏教ではない。仏教は絶対的な意味で「組織宗教」なのである。お坊さんが一人で山の中にこもって、誰とも会わずに何ヵ月も何年も修行に励む、などという状況は決して許されない。仏教の修行者はどうあっても、サンガという組織に属して、集団生活を送らねばならないことになっているのである。

以上が仏教を成り立たせる三つの要素、三宝の内容である。仏教の開祖であり、我々に教えを説いてくれたリーダーとしての釈迦(仏)。その釈迦が我々に説いてくれた悟りのための教え(法)。そしてその釈迦を信頼し、法にしたがって実際に修行生活を送る出家者たちの組織(僧=サンガ)。この三要素が揃っている状態を「仏教」と呼ぶ。これが本来の仏教の定義である。

大乗仏教と日本仏教

しかし、この説明を聞いて違和感を覚える読者も多いのではないかと思う。「仏教には釈迦以外にも大勢の仏がいて、みんなその仏たちを拝んでいるではないか。阿弥陀様や観音様はどうなるのか。それに日本の仏教を見ると、お坊さんたちが集団で暮らしながら修行している場所といっても、永平寺とか妙心寺とかいった特別なお寺以外には見当たらないではないか」という疑問である。そのとおりである。私がここで説明した三宝の定義は、日本の大方の仏教にはあてはまらない。日本だけではない、韓国、チベット、台湾、中国、ベトナム、そういった、いわゆる大乗仏教を信奉する国々は皆、今述べてきたのとは違う、別の形の三宝を信奉している。この食い違いは、本来の仏教が時代とともに別の形へと変化したことによって生じたものだ。釈迦が創った本来の仏教は、しばらくの間はそのままの姿で続いていたが、四、五百年たった頃から新たな流れを生み出すようになる。本来の仏教とは別に、新しい形の仏教が枝分かれしたのである。この点について少し説明しよう。

私が今まで語ってきた「釈迦と釈迦の教えとサンガ」という三宝の概念は、本来の仏教が持っていたオリジナルなものである。しかし四、五百年後に現れた新たな仏教では、釈迦以外にも多くの仏や菩薩が世の中にいると考えるようになり、しかもそういった多種多様な仏や菩薩は、釈迦以上に有り難い存在だと考える傾向が強くなった（菩薩というのは、仏になるために修行中の人を指すが、時には仏以上に尊敬された）。「仏」は釈迦だけでなくその他大勢の、架空の仏や菩薩も含むようになったのである。その数は何千、何万にものぼる。一方「法」は、釈迦の時代から続く古来の教えだけでなく、そういった大勢の仏や菩薩を信仰する人々が新しく創り出した無数の経典も含まれるようになった。「釈迦の言葉」という建て前で、いろいろなお経が大量生産されるようになったのである。法が肥大化したのだ。ただし「僧」つまりサンガだけは変化することなく、釈迦の時代と同じ形での運営が続いた。崇拝する仏や法の中身が変わっても、律に基づいて修行する僧侶たちの生活形態はそのまま保持されていったのである。仏と法の二宝だけが劇的に変化したのである。

このような、釈迦以外の多くの仏・菩薩を拝む新興の流れは大乗仏教と呼ばれたが、それはさらに進んで密教へと変貌していった。大乗から密教へと進む中で、本来は自分が修行することによって生きる苦しみを取り除こうと考えていた仏教も、外の世界にいる超人的な仏・菩薩たちの力に頼って悟りに導いてもらおうという「祈りの宗教」に変わっていった。釈迦の時代には「外界に我々を救ってくれる絶対者も不可思議なパワーも存在しないのだから自分で歩むしかない」と考えていたものが、大乗になって、「目には見えなくてもこの世には、我々を救ってくれる不思議な超越存在がいる」と信じるようになったのだから、自己鍛錬よりも祈りが重視されるようになるのは当然のことである。

日本、韓国などの大乗仏教国は皆、こういった新しいスタイルの仏教を信奉する国である。したがって、大乗仏教国の仏と法は本来の形とは変わってしまっている。しかしサンガだけは大乗になっても変化しなかったので、大乗仏教国にもサンガはちゃんと存在している。中国は文化大革命などで仏教を破壊したため、一時、まっとうなサンガは微弱化してしまったが、韓国にも台湾にもチベットにも、今もちゃんとサンガはある。時代の流れで、時には途絶え、時には堕落し、様々な揺れは生じたが、それでも「サンガが仏教の基本だ」という理念だけはしっかり保持されてきた。釈迦の仏教から大乗仏教が枝分かれした後も、「組織宗教」という仏教の基本的側面だけはすべての仏教国で維持されてきたのである。

ところが同じ大乗仏教国でも、日本だけは違う。日本は、仏と法だけでなく三番目のサンガまでも変えてしまった特殊な国である。変えたというよりも、初めからサンガの制度を取り入れなかったのである。それは仏教導入期の日本の朝廷が仏教を政治の一環、外交の道具として扱ったことに原因がある。

律の専門家である鑑真和上が唐の国から渡ってきた時、日本にも初めて正式なサンガが誕生したのだが、仏教を「国家のしもべ」として扱った大和朝廷は、形式としてのサンガは承認したものの、そのサンガに運営の自治権を認めようとは思わなかった。僧侶の数がどんどん増えて、日本中にサンガができて、多くの民衆が仏教の信者になって、皆が仏教に心の安らぎを見いだす、そんなことを朝廷は望まなかった。仏教の僧侶はあくまで朝廷のために働く公務員であり、お上に従う公僕でなければならない。したがって、サンガなどという独立の自治集団を認めるわけにはいかなかったのである。それで、サンガの運営規定である律の導入を拒否した。律がなければ、いくら形だけサンガの体裁をとりつくろっても意味がない（このあたりの事情については拙著『出家とはなにか』で詳しく述べた）。

こういう歴史的事情のせいで、日本にはサンガの制度が正しく導入されなかった。それが今に至るまで影響している。日本は世界で唯一、「サンガがなくて、律もない仏教国」なのである（律宗という宗派はあるが、これは律を学問対象として伝えていくことを目的とするもので、律宗の僧侶が律をそのまま守って暮らしているわけではない）。

日本は、僧侶がだらしないとか不正直だということではなく、歴史の必然の中で「サンガを作らず、律を守らない仏教国」になった。律の中には出家者が異性と交わることを禁じる規則があるが、それも守らないのだから、僧侶でも結婚し、子供を作る。つまり、独立社会としてのサンガを作らず、個々人がばらばらになって家庭生活を送るということになる。これはもう普通の人の生活となにも変わらない。出家と在家の区別がつかない。そういうふうに出家の意味があいまいなままどんどん民衆化が進み、「本当に出家している僧侶」と「社会人のような生活をしている僧侶」が区別なく入り乱れてしまっている。日本仏教に限っては、僧侶であるかどうかを判定する統一基準がないのだから、その人が本当の出家者かどうかを判別するためには、心の中身、志の高さで見ていかざるを得ないのである。しかしそれはなかなか難しいことだ。世界でも例のない、「本当の僧侶を見分けることの困難な仏教国」なのである。

ただし、ひとこと言っておきたいのは、そういう律のないあいまいな日本で、それでも自分を正しく保っている僧侶がいるとすれば、それは律という規則によって強制的に行動を限定されているサンガの僧侶より立派だという点である。規制のない場所で自分を律するには人並みはずれた自制力が必要とされる。日本仏教は、律に縛られないという特性により、きわめてすぐれた僧侶と堕落した僧侶の両方を生み出す可能性を持つ、非常に変異性の高い宗教世界になっている。それは、良きにつけ悪しきにつけ、他国には見られない独自の形態を持つ変異型の仏教なのである。

本来の三宝に基づく釈迦の時代の仏教と、現在の日本仏教の様相の食い違いについて、きわめて簡単にではあるが概観した。ともかく重要なのは、日本の仏教を見ていても三宝の正しい意味は分からないということである。特に三番目のサンガは、それが存在しないのだから理解のしようがない。永平寺や妙心寺といった禅宗のいわゆる「僧堂」と呼ばれる修行場は、本来のサンガに幾分似た形で運営されている。独身生活を守り、男は男だけ、女は女だけで集団をつくって規則正しい修行の日々を過ごす、そういった点はサンガときわめて近い。しかし、禅宗の僧堂には律がない。僧堂の雲水さんたちが守っているのは律ではなく、禅宗の僧侶たちが独自の基準で決めた禅宗独自の規則である（これを清規《しんぎ》という）。その点で、禅宗の僧堂は、サンガにとても近いけれど、サンガとは言えないのである。

上座仏教は「釈迦の仏教」か

では今の世の中に、釈迦時代の本来の三宝をそのまま伝えている仏教国があるのかと問うなら、もちろんある。枝分かれせずにそのまま残った本体部分の仏教を伝える国々である。スリランカ、タイ、ミャンマー、ラオスといったいわゆる上座《じょうざ》仏教の国々がそれだ（上座仏教とは、従来我々が「小乗」と呼んできた仏教の正式名称である）。これらの国々では、日本のように多数の仏や菩薩を信仰するということはない。リーダーとして崇敬するのは釈迦ひとりである。信奉する法もまた、古来伝わる「ニカーヤ」と呼ばれる古い経典だけであって、『般若《はんにゃ》経』や『法華《ほっけ》経』、『華厳《けごん》経』、『阿弥陀《あみだ》経』、『大日《だいにち》経』といった日本ではおなじみの大乗の経典類を法として認めることはない。そしてサンガに関しては、律の中で厳密に定められた数百の規則を守りながら、釈迦の時代と同様の生活形態を今も続けている。したがって、三宝に基づく本来の仏教の姿というものは、これらの上座仏教国にこそ今もよく残されているのである。

ただしそれが、「釈迦が生きていた時の仏教」そのままではない、ということは言っておかねばならない。そこには釈迦以後の要素も数多く含まれているのである。これらの国々の仏教徒は、釈迦の教え、すなわち「法」として「ニカーヤ」と呼ばれる経典を信奉するが、実際には、その「ニカーヤ」の大部分は釈迦本人の言葉ではない。おそらく釈迦の死後数百年の間に、様々な人たちが「釈迦の言葉」として創作した文言が集まって「ニカーヤ」になった。また、サンガを運営するための数百の律の規則も、建て前としてはすべて釈迦が決めたとされているが、実際には後の時代に次々に付加されていったものである。では、釈迦本人が言った言葉はどれか。それは私たち仏教学者が一番知りたい事なのだが、残念ながら分かっていない。法も、そしてサンガの規則つまり律も、実際には釈迦より後の時代になって完成したものなのである。したがって上座仏教国は大乗仏教国よりも古い形の三宝を保ってはいるのだが、だからといってそれが釈迦本人に由来する正真正銘の法やサンガではないということになる。それはあくまで、「釈迦にきわめて近い時代の仏教」において成立した法でありサンガなのである。

このように、サンガの運営形態は厳密な意味で言えば釈迦ひとりが創ったものではなく、釈迦とそれに続く数百年の仏教教団が智慧を絞って生み出した協同作品である。だが本書の目的からいえば、それはそれで少しも構わない。大切なのは、仏教という宗教が造り出した独特の組織運営法の中から、現代にも活かせる原理を抽出するということだから、その設計者が釈迦という個人であるか、それとも釈迦から始まる一連の思考集団であったかという点は問題とならないのである。

三宝の説明をベースにして、なぜ仏教には律という独特の法体系が必要なのか、その理由を語ってきた。律とは、出家した人々がサンガという組織を正しく運営し維持していくために不可欠な「仏教世界の法律」なのである。以上の説明で、仏教世界の大枠は理解してもらえたと思うが、一番大切な点にはまだ触れていない。それは、「どうして仏教を信じる人たちは、出家して、僧侶という特別な身分になるのか」という点である。一般人として生きる道があるのに、なぜわざわざそれを捨てて無職無収入の身分となり、厳しい規則に縛られる日々を選択するのか。そこにどのような利点があるのか。出家にはどのような意味があるのか。それを理解してはじめて仏教の本質が分かる。そして延《ひ》いてはそれが、「好きなことだけやって暮らす、生き甲斐のための組織」の基本理念へと繋がっていくのである。次の章では、この点について語っていくことにする。

第二章 「出家」という発想

第一章で、仏教が修行者の組織すなわちサンガを基本単位として運営される集団宗教だということを言った。そのサンガのメンバーはすべて出家者である。釈迦も、その弟子達も皆出家者だった。現在のスリランカやタイの黄色い衣を着たお坊さんたちも全員出家者である。あるいはダライラマを初めとしたチベットのお坊さんも、韓国や台湾のお坊さんたちも皆出家している。日本の場合は、歴史の流れの中で否応なく、「律なき仏教」を受け入れざるを得なかったので、本来の出家作法は導入されなかった。しかしそれでも、各宗派毎に独自の出家作法を定めているので、「僧侶とは出家した人だ」という通念は存在している。袈裟《けさ》を着てお寺の仕事をしている人は、世俗とは違った特殊な世界に属しているという思いを多くの日本人も感じている。したがって、日本独特の曖昧さには目をつむるとすれば、一応、世界中すべての仏教世界は出家者を核として成り立っていると言うことができる。出家した人（僧侶）を核とし、それを周辺の在家信者が支える、というのが仏教の普遍的な構図である。

ところでオウム真理教が、やはり出家ということを盛んにアピールしていたことは、多くの読者の方たちも覚えておられるだろう。オウム事件の全容に関しては、あとで詳しく紹介しようと思っているが、そのオウム事件の主犯となって様々な凶悪犯罪を実行したのは皆出家信者だった。同じ出家といいながら、仏教の出家者はサンガをつくって平穏な修行の日々を送っているのに、オウムの信者たちは出家してから無差別大量殺人に走った。この違いはどこに原因があるのか。人が出家するというのは、一体なにがどうなることなのか。出家することで、人はどう変わるのか。

この第二章では、そういう出家という行為が持つ意味について語っていく。そしてそれが、今現在の我々の社会にも大きな影響を与える重要な活動であることも示そうと思っている。さらには、普通に考えられているような宗教者の世界だけでなく、科学とか政治といった、一般社会と密接に関わる世界にも出家は存在するという事実も示していきたいと考えている。

出家とはなにか

さてそれでは、出家とは一体なにか。その本質を見ていくことにする。

出家という語は、もともとはアビニシュクラマナとかプラヴラジュヤーというインド語を漢字に翻訳したもので、「世俗の生活を捨てて出ていく」という意味の仏教語である。世俗の生活を捨てて出ていって、仏教などの特定の宗教世界の修行者になって暮らすという意味である。しかし、それだけ聞いても出家の本質はなにも分からない。その、「世俗の生活を捨てて、特定の世界の修行者になる」という行為が、人の人生にとってどういう働きをするのか、なぜ人は世俗の生活を捨てようと考えるのか、そういった内面の問題を見ることなく、言葉の意味だけ語っても仕方のない話である（たとえば「結婚」という言葉を、ただ単に「好きあった男女が一緒に暮らすこと」と言っても、そこに含まれた深い意味をなにも伝えられないのと同じだ）。

人が出家という行為に踏み切る根底には、「今の生活を放棄したい」という思いがある。今現在の状況を断ち切って、全く別の生き方に切り替えたいと願う人だけが出家という道を選択する。もし現状に満足していて「自分は幸せだ」と感じている人は決して出家などしないで、そのまま生きていくはずだ。出家とは、今の自分の姿に満足できない、ある種の不幸を背負った人々が選び取る道なのである。

ごく普通の一般家庭に子供が生まれたとしよう。その子は親に育てられ、学校で教育を受け、卒業したら社会で仕事につき、その収入で生計を立て、縁があれば配偶者を得て家族をつくり、やがてリタイアして多少の趣味などで老後を過ごし、病気になって死んでいく。およそ七、八十年、運が良ければ百年の人生である。この間、心の中では数え切れない喜怒哀楽を繰り返し、嫌な思いを我慢したり劣等感にさいなまれたり、「もうこんな人生はごめんだ」とふさぎ込んだりすることもある。子供の頃に抱いた大きな夢やあこがれは心の奥に秘めたまま、身の丈に合った現実の在り方を受け入れてなんとか無難に生きていく。これはごく一般的な、人の生き方のモデルである。もちろん仕事や家庭や趣味に喜びを見いだし、それを人生の生き甲斐にしていくということは十分可能であるし、大方の人はそうやって生きるエネルギーを手に入れていく。いろいろあっても、やはり人生はそれなりに楽しいものだ。嫌なこととつらいことはできるだけ忘れて、生きる喜びをあちらこちらで拾い集めながら長い人生を全うする。これが我々に否応なく課せられた「人としての普通の生き方」である。

人の個性はそれぞれだから、こういった人生のでこぼこ道を、さほどのストレスも感じずにテクテク歩んでいける人もいれば、なかなか思うように足が進まない人もいる。歩み方は人によって違う。順調にテクテク歩ける人は、与えられた現実世界に身をおいて、多少のストレスは我慢しながらそのままに生きていくことができる。この世の多くの人はそうである。しかし、どうしても現実との妥協点を見いだせない、ある意味生真面目な人たちの中には、様々な局面で行き詰まり、先へ進めなくなる人がいる。自分の居場所に耐え難い不満と苦悩を感じて立ち往生するそういった人たちは、普通の生活では生きていけないという思いが次第につのって、やがて世間からの離脱を望むようになる。いやおうなく与えられたこの人生をリセットして、全く別の世界に行きたいと考えるのである。ではそのためにはどうすればよいのか。

この世から逃れる手段としては、たとえば「世間との付き合いを一切断ち切って、一人きりで暮らす」という方法がある。いわゆる世捨て人になるのである。ここまで文明社会が広く浸透した世の中で、周囲の世界と全く手を切って暮らすことはほとんど不可能ではあるが、それでもやってやれないことはない。家族の前から突然蒸発して、自らホームレス生活を選択する人などの場合がそれにあたる。あるいは別の手段として「自分で命を絶って、世界との関係を切る」といった行動もあり得る。これは非常につらい選択だが、「この世に自分の居場所がない」と感じる人にとっては、唯一の救いの道に思えることも事実である。

しかし、人がこの世の苦悩から逃れる道は、「世捨て人になる」「自ら命を絶つ」というその二つだけではない。第三の道がある。もし、同じ気持ちを持つ者が集まって集団をつくり、世俗の価値観とは全く違う、自分たちが求める独自の世界観で生きる社会を作ることができれば、そこには新たな人生が開けてくる。世捨て人となって孤独に苦しむこともなければ、命を絶って将来の可能性をみすみす捨て去ることもない。同じ仲間と手を取り合って一緒に暮らすことができるなら、それはなんと素敵なことか。俗世と手を切って自分の存在を消したうえで、それでなおかつ満足のいく人生を仲間とともに歩んでいけるのなら、もう何も言うことはない。「同じ価値観の人だけで集まって、自分たち独自の島社会を作る」。これが、この世からの離脱を望む人々が選択できる三つ目の、そして最も穏当な道である。

この三番目の道を徹底的に推し進めて、きわめて高度な島社会を創りあげたのが釈迦である。釈迦はカピラヴァスツという国の王子に生まれながら、父親の跡を継いで王になるという人生のコースに満足できず、家も捨て、親も捨て、妻も捨てて一人で森に入っていった。その森で、アーラーラ・カーラーマ、ウッダカ・ラーマプッタという二人の先生に修行の方法を教わり、そのあとはずっと一人きりで修行生活を続け、最後にブッダガヤというところにある菩提樹の下で悟りを開いた。自分の力で自分の精神を改良し、煩悩を完全に消し去るための道を見出したのである。それは単なる思想や哲学ではなく、実際に瞑想という修練を毎日続けることによって初めて得られる「体験」であった。

悟りを開いた直後、釈迦は、「こうやって悟りを体験したことで自分の修行は完成したのだから、あとはもう、どうなっても構わない」と思っていた。一人で安楽な気持ちのまま悠々と時を過ごし、寿命が来たら穏やかに死んでいこうと考えていたのである。つまりこの段階まで、釈迦は全くの利己主義者だった。自分自身の人生をどう作りあげていくかという問題で精一杯だったのである。自分が死ぬか生きるかというギリギリのところで苦悩している人には、他人のことにかまっている余裕などない。当然のことだ。

しかし彼はその後しばらくして、考えを変えた。修行の完成を自覚したことにより、他人を思いやる余裕が生まれてきたのである。自分と同じように「生きる苦しみ」に苛まれている人たちに自分の辿った道を教えることで、救いの手をさしのべようと考えはじめた。そしてこの段階で、釈迦は利己主義者から「慈悲の人」になった。残りの人生を他人のために使おうと決心したのである。

「私は自分の力で真の安楽を手に入れた。もし君たちも私と同じ道を進みたいと思うなら、なんでも教えるから私のところに来なさい。一緒に進んでいこう」と人々に語りかけ、やって来た人たちをみんな弟子として受け入れた。釈迦は四十年以上にわたって教えを説き続け、弟子の数はどんどん増えていった。その弟子たちのための組織が作られた、修行のための組織がサンガである。したがってサンガとは、俗世間の中にいたのでは生きていけないと深刻に悩む人たちが、世捨て人にならず、自ら命を絶つこともなく、大きな生き甲斐を感じながら希望を持って暮らすことができる特別な島社会である。

そのサンガの中では、釈迦の教えに惹かれて出家した僧侶たちが、俗世では実現することができなかった修行三昧《ざんまい》の日々を送る。それは、世間の暮らしの中で「死んだ方がましだ」と考えるほど絶望感に苛まれていた人が、全く新しい生き方を手に入れて、もう一度人生をやり直すことのできる、貴重な救済の場所なのである。

世俗の価値観でスムーズに生きることのできない人が、それを捨てて、仏教サンガという、全く違う価値観の世界に飛び込んだ時、「その人は出家した」と言われる。普通に仕事をして、家族を持って、社会の習わしに溶け込んで、災難なく無事に一生を終わるという生き方にどうしてもなじめない人や、あるいはそういった生き方がなにかの都合でできなくなってしまった人たちが、釈迦が見つけた別の生き方を頼ってサンガのメンバーとして入ってくる時、それが「仏教の出家」である。ここに出家という行為の本質が現れている。出家とは「一般社会の価値観に満足できない人がそこを離れて、全く別の価値観で運営されている組織の中に飛び込んでいく」、そういう行為を指すのである。

好きなことだけやって暮らす

仏教で出家した人は、俗世間の仕事や家族を離れて、身一つでサンガのメンバーとなり、あとは毎日毎日修行に明け暮れる。日曜も休日もなく、朝から晩まで修行するだけの日常である。外から見れば、随分つらそうにみえる。一般人が楽しく飲んだり食べたり遊んだりしている間も、サンガの僧侶たちはひたすら瞑想し、お経の勉強を続ける。こんな様子を見ると「大変ですね、ご苦労様」の一言もかけたくなる。俗世間の楽しみを味わうことなく、わざわざつらい生活を続ける出家者の姿からは、「苦しい思いをじっと耐える強靭で崇高な人格」がにじみ出ているようだ。

しかしそれは、あくまで一般社会の価値観をベースにして出家者を見た場合の見方である。出家した人から見れば、状況は全く逆である。サンガの中で修行している僧侶というのは、自分の好きなことだけやっているのだから大変な幸せ者なのだ。本来ならば、俗世のしがらみの中、締め付けられるような苦悩をがまんしながら息も絶え絶えになって生きていかねばならなかったはずなのに、そういった縛りを一切合切断ち切って、心の平安へと向かう道を好きなだけ存分に歩んでいけばよい、というのだから、こんなうれしいことはない。好きで入った修行の道を、朝から晩までやってよいというサンガの生活は、この世で最高の贅沢ではないか。「自分の好きなことだけやって暮らす」。中にいる出家者の視点で見れば、サンガはそんな夢を叶えてくれる特別な組織なのである。

仏教サンガは、入会も脱会も全く自由である。入りたければ出家の儀式を受けて僧侶になればよいし、やめたければ「やめます」と言えばそれで脱会となる。なんの義務もペナルティーもない。出たり入ったりを繰り返すことも構わない。だから、「修行はつらい、嫌だ」と思うならさっさとやめればよいのである。実際、僧侶にはなってみたけれど、性に合わないからやめたという人はどの仏教国にも大勢いる。しかし、それよりもずっと多くの人が、僧侶をやめずにずっと続けているのだから、それは決して我慢の道ではない。そこが自分の本当の居場所だと思うから、そして、修行生活こそが自分の進む道だと確信しているから、そこにいるのである。

仏教というのは、修行して自分を向上させたいと望む人が、サンガという島社会で出家して、大好きな修行だけを毎日やり続ける、そういう宗教である。それは、人として最も幸せな生き方を実現するために編み出された、特別あつらえの道なのである。一方、オウム真理教もまた、修行が大好きだという人たちが、麻原彰晃《しょうこう》の教えに惹かれて出家して、毎日修行に専念する、そういう宗教だった。この二つの宗教は、見かけが全く同じである。それでも実際にやったことを見れば、違いは歴然としている。仏教は二五〇〇年間、多くの人から尊敬されながら平穏に続いてきているが、オウムは殺人教団となってわずか数年で壊滅した。この事実はとても大切なことを語っている。すなわち、「出家すれば必ず幸せになれるわけではない」という事実である。

出家の目的は今言ったように、世間的な生き方を捨てて、自分が本当にやりたいことだけをやれる世界に飛び込んでいくことだ。だから、飛び込んだ先が自分の望んだとおりの世界だったなら、その人は本当の幸せをつかむことができる。しかし中には、表看板と内実が全く違っていて、飛び込んでみたらとんでもないニセモノだったということがある。さらにもっと怖いのは、飛び込んだ先がニセモノだと気づかないうちに自分の方が洗脳されてしまって、ニセモノ世界の中でニセモノの幸福に身を任せてしまうことである。「自分は幸せだ」と感じている間に、どんどん暗黒の不幸に身を落としていくという恐ろしい世界。もちろんオウム真理教はその代表格である。出家者を真の幸福に導いてくれる宗教もあれば、不幸の淵に突き落とす宗教もあるということである。

一般社会における「出家」

私が今ここで語っている「出家」という行為は、宗教世界だけの専売特許というわけではない。見ようによっては私たちが普通に暮らしているこの一般社会の中にも出家はある。この点には十分注目していただきたい。まえがきでも述べたように、世俗の活動をやめて、自分の好きなことだけやり続けるための組織へと身を投じることが出家の本義なのだから、身を投じる先が宗教団体である必要はない。仏教やオウム真理教で出家した人たちは、「修行によって自分を変えたい」と願って入ってきたのだから、これは明らかに宗教である。しかし例えば「宇宙の真理を知りたい」と願う人が、ひたすら宇宙理論の研究に没頭する人生を選択したとしたら、それも出家者と呼びうるのではないか。「生命の神秘を解明したい」「数学の定理を証明したい」、そういった目標に人生を捧げて邁進する人たちの生き方もまた、出家だと考えることができる。つまり、私たちが科学者と呼んでいる人たちの本質的な生き方は、出家なのだ。「一生かけて、自分がやりたいことだけをやる」。科学者が目指す道は、仏教や、そして失敗例ではあるがオウム真理教の信者たちが目指した道と同じ意味を持っているのである。

もう一つ、私が出家の例として考えてみたいのが、政治家の世界である。政治家というのは職業ではない。なぜなら、なにか商品やサービスを生み出して、その対価として給料をもらうという世界ではないからだ。政治家になる人は先ず最初に、「人々を幸福な社会へと導いていきたい」という自分自身の欲求から活動を始める。それを自分の使命であり生き甲斐だと感じるからこそ、他のすべての仕事を放棄して政治に専念する。多少の見返りはあるにしても、原則的には無料奉仕である。それが好きだから、いろいろ嫌なことや面倒なことがあっても続けていく。やめたければいつでもやめればいいのに、それでもやめないのは好きだからである。自分の好きなことをやり続けるために、他の世間的な活動を放棄して、特殊な世界に身を投じる、という政治家の生き方もまた、出家のひとつの在り方を示している。

科学者にしろ、政治家にしろ、なにか特別な出家儀式を受けて、その日から突然科学者や政治家に変身するというわけではない。仏教のように「何月何日に頭を剃って、その日から私は僧侶になりました」といった区切りがないので、それが出家だということが分かりにくいが、志を立て、基礎を学び、先輩から指導され、次第に特殊な世界へと足を踏み入れ、気が付いてみれば朝から晩まで自分が「やりたい」と思っていたことだけをやり続ける幸せな世界にどっぷり浸かっている、その生き方は間違いなく出家的である。

もちろん、中途半端な科学者や政治家というものもあり得るだろう。志を途中で捨ててしまって、結局は世俗的な利得に引き寄せられて誤った道に踏み込んでしまう科学者や政治家も多く見受けられる。しかしそれを言うなら仏教も同じこと。いくら理念は立派でも、堕落して世俗まみれで暮らす僧侶はどんな仏教世界にもいる。二〇〇〇年以上前に作られた律の中にさえ、悪徳僧侶の事例が山ほどでてくる。それは仕方のないことだ。いろいろな人が参入してくるのだから、不良も混ざってくる。しかしそれでも、基本の理念は変わらない。自分がやりたいと願うことをひたすらやり続けることのできる世界に身を投じる。これが、出家という、場合によっては人に最高の幸せをもたらしてくれる特別な行動の真の意味なのである。

政治家が出家者なら、これと類似した世界としての「社会奉仕活動」いわゆるボランティアの世界もまた出家だということになる。職業を持ちながら余暇を使ってボランティアに参加するという段階ならばまだ出家というほどではないが、生活のすべてをそういった活動に投入して、全精力を使って奉仕的活動に邁進するなら、それはやはり出家者の道ということになる。

「人のために役に立ちたい」という思いを人生の生き甲斐として、そのために世間的な普通の生き方を放棄するのだから、その姿はサンガで修行に励む僧侶と同じだ。

こういった例から見て分かるように、出家は決して宗教世界の特別な行動ではない。身の回りのいろいろな場所に出家者はいる。科学者とか政治家といった、大きなスケールの世界だけでなく、もっとはるかに小さな規模で、様々な形をとって、出家世界というものはこの世のいたるところに存在しているのである。出家することで人は、「やりたいことだけやればよい」幸せな世界に入ることができる。その入る先がすなわち、「生き甲斐のための組織」である。毎日のストレスをうまく受け流しながら、そこそこ平穏に人生を送るのも道なら、思い切って出家して生き甲斐のための組織に身を投じ、最高の喜びを追求するのもまた別の道。どちらをとるかは個々人の選択である。

「食べていけない」リスク

ただし、出家にはいくつかの大きなリスクがある。その一つはすでに言った。「ここなら私に本当の幸福を与えてくれるだろう」と確信して出家したら、そこがとんでもないまがい物の世界で、不幸のどん底に突き落とされてしまったというケース。つまり、偽物をつかまされるリスクである。

しかしこれとは全く別の意味で、「生き甲斐のための組織」へと参入する際にどうしても回避できない根源的なリスクというものがある。これは、その組織がまがい物であろうが、正しくまっとうなものであろうが関係なく、そういったすべての組織が宿命的に背負ったリスクである。それは「食べていけない」というリスクだ。これについて説明していこう。

私たちはいわゆる俗世間の中で生まれ育っていくが、そこでの基本的な原則は、「仕事をして稼いで食べていく」ということである。働いた分の報酬によって食べていく。そして、もし食べていく分より多めの報酬が手に入るなら、それで余分の物質的満足を充足する。たとえば給料で家族四人が生活し、余った分は貯金しておいて、いい家や素敵な車を買ったり、子供によい教育を受けさせたり、きれいな洋服で着飾ったり、これが俗世の「生きる基本形」である。「稼いで生きる」、別の言い方をすれば「稼がなければ生きていけない」、それがこの世の動かしがたい鉄則となっている（もちろん福祉政策による弱者救済は例外となるが、ここでは世の大枠だけを言っている）。

これに対して、「生き甲斐のための組織」の運営理念は全く違う。そこは物質的な豊かさを第一目標にはしない。それは当然だ。物質的な豊かさを第一目標として動いていく俗世間の価値観に耐えられない人たちが、それとは別の独自の価値観に基づいて作ったのが「生き甲斐のための組織」なのだから、その目的は「稼いで良い生活をする」ことではない。たとえば仏教の目的は「修行によって心の中の煩悩をすべて断ち切って、理想の人間性を実現すること」にあるし、科学者たちの目的は「誰も知らない宇宙の真理を、論理の力によって見つけ出していくこと」、政治家の目的は「自分が属している社会のメンバーを最も幸福な状態に導いていくこと」である。そのためには「稼いで良い生活をする」という一般社会の生活目標は捨てる。その意味で彼らは皆出家者なのである。

したがってこういった出家者たちは、生きる目的が「裕福な生活の実現」とは別のところにあるのだから、生産活動に全力投球などしない。できるだけ稼いで、できるだけ裕福になろうという姿勢がない。そのため彼らが作る組織の生産性は、まわりの俗世間に比べて格段に低くなる。簡単に言えば、彼らは「働かない」のである。自分の好きなことだけやろうというのだから働いている暇などない。極端な場合には生産性ゼロ、つまり全く資産を生み出さない島社会というものさえあり得る（あとで紹介するが、釈迦の仏教はまさに生産性ゼロの社会である）。

そうすると、生産性の極端に低いいろいろな島社会が、生産性最優先の俗世間の海の中に点々と浮いているという状況になる。いうまでもなく、そういった島社会の種類は無数にある。仏教も島社会なら、科学者の世界も政治家の世界も一つの島社会である。その俗世間の海に浮かぶ無数の島社会はどれも、自活能力がきわめて低い。食べていくための力が弱いのである。ここが「生き甲斐のための組織」の根源的なリスクだ。生き甲斐を追求するということは、自分の好きなことだけやって暮らすということ、それはつまり食べていくための仕事はしないということ、そしてそれは結局、その組織だけでは食べていけないということを意味する。

「托鉢」という生活方法

ではどうするのか。極端に低い生産性の中で、組織を運営していくにはどうすればよいのか。労働しないで、あるいはできるだけ労働量を減らした状態で、生活の糧や活動のための資財を手に入れるにはどうしたらよいか。この難問に答えるのが、それぞれの島社会のリーダーの責任である。釈迦も考えた。麻原彰晃も考えた。科学世界のリーダーたちもずっと考えてきたし今も考えている。政治家ともなれば、そういった資金の調達方法が、政治活動の成否を決める重要な鍵になる。「働かずに資財を手に入れる」、それが「生き甲斐のための組織」に課せられた不可避の難問なのである。

原理そのものは簡単だ。自分たちが労働しないで生きていこうというのなら、他の誰かに養ってもらうしかない。他の誰かというのが一体誰なのかといえば、これも明白。それはちゃんと労働している一般社会の人たちに決まっている。つまり生き甲斐のための組織が真剣に活動しようと思ったら、必ずなんらかのかたちで一般社会から資財を手に入れなければならないのである。その資財の入手方法こそが、その組織の善し悪しを決める最大のポイントとなる。ここで間違うと、オウム真理教のように一般社会を敵に回して暴れ回る凶悪集団になりかねない。したがって、ここを綿密に考察していくことが肝要である。まずはとにかく、仏教について見ていこう。

仏教が修行を重視する宗教であることはすでに言った。釈迦は弟子達に、世俗の仕事やしがらみを一切合切捨て去って、修行一本槍の特殊な世界に入れと言ったのである。その釈迦の言葉に従って出家した弟子達はみな、仕事も家庭も財産も捨てて、身一つの無職の姿となって釈迦のまわりに集まった。それがサンガである。さてそこで、その無職の修行者たちがどうやって食べていくかという問題である。

釈迦は弟子達に一切の生産活動を禁じたので、サンガは全くなにも生産することができない。お寺の裏に田畑を作って、僧侶たちが自分で耕して自給自足で暮らす、などというのも絶対禁止である。とにかく釈迦は、サンガを徹底的に非生産的集団として設定した。そしてこう言った。「僧侶はなにも生み出す事ができないのだから、自力で生きていくことができない。だから生きていくための物資は、天然のものを利用するか、あるいは一般社会の人たちにお願いして、余り物をもらえ」。

天然のものを利用するというのは、たとえば宿泊場所として、大きな木の下や洞窟の中などで寝泊まりすること。あるいは衣服として、ゴミ捨て場に捨ててある端切れを拾い集めて結び合わせて布にして、その、まるでミノムシのような汚いボロを身に纏うこと。つまり「その辺のものでなんとかしのいでいけ」という方針である。そして一般社会の人たちから余り物をもらうというのは、これは特に食料品に関して言っているもので、毎朝鉢を持って近郊の村や町をまわり、余った食べ物、いらない食べ物があればそれをその鉢の中に入れてもらって、それで命をつないでいくという方法である。いわゆる托鉢《たくはつ》である。

宿泊場所や衣服に関しては、人の好意にすがらなくても、そのへんのものを利用してなんとかしのいでいけるが、生きていくための最も重要な要素である食料品については、托鉢でもらった物しか口にしてはならない。釈迦がそう決めたのである。したがってサンガの僧侶は、自分たちの命をまるごと一般社会に預けることとなった。社会の人たちが食べ物をめぐんでくれなければ何も食べることができないのだから、餓死するか、僧侶をやめて俗世間に戻るしかない。いずれにしろ、「やりたいことだけをやり続ける」という当初の計画は破綻する。計画を実現するためには、なにをおいても、一般社会の人たちの好意にすがるしかない。仏教は、社会の人たちの好意だけを頼みの綱とする、完全依存型の集団組織として設計されているのである。

仕事をせずに、自分のやりたいことだけやっていて、それで人からご飯をもらって生きていこうというのだから、仏教修行者の生き方は考えてみればなんとも虫がいい。普通なら許されない考えだ。たとえばキリスト教の修道院などは、「祈りも労働も、すべて神に対する信仰の表現だ」と考えるので、修道僧自身が働いて自給自足で暮らすという道も許される。しかし仏教の場合は、精神集中による修行だけが心を改良する唯一の方法だと考えるので、労働は極力排除されねばならない。したがってどうあっても、生活の糧は外部の一般社会から恵んでもらうしかないのである。そして「まわりの人たちに養ってもらう」という、こういう虫のいい考えを実現するための最低条件は、「社会の人たちが『この人にならば余ったご飯をあげてもよい』と思ってくれるような立派な人間として行動すること」である。

尊敬できない人に、わざわざご飯をあげようと考えるお人好しはいない。凛《りん》とした立ち居振る舞い、重みのある言葉、日々修行に励む後ろ姿、そういった全人格的な現れが人の敬意を生み、好意を誘う。「これほど立派な人にならばご飯を差し上げても少しも惜しくない」、「これほど尊い人に私の資財を布施すれば、必ず将来、大きな果報が戻ってくるに違いない」、そう考えるからこそ、人々は進んで僧侶に自分たちの持ち物を差し出した。端的に言うなら、出家した僧侶が生きていくために最も必要なのは、「僧侶としての格好良さ」である。人はその格好良さに対してご飯や、その他さまざまな日用品を恵んでくれる。僧侶の姿に格好良さがなくして、サンガの存続はあり得ない。したがって僧侶が生きていくためには、そういった尊敬される姿を実現するよう努める以外に道はないのである。

組織存続の鍵

しかしそうはいっても、何十人、何百人という僧侶が集まって暮らすサンガの中で、全員がそんな素晴らしい姿でいることなど不可能だ。中には必ずだらしない者もいる。それに、入ったばかりの新米は僧侶らしく振る舞えと言われても勝手が分からない。放っておいたら必ず世間の顰蹙《ひんしゅく》をかうような行儀の悪いことをしでかす。そうなったら、完全依存型の仏教サンガは世間からのお布施がもらえなくなって立ち行かなくなる。つまり壊滅である。百人の僧侶が暮らす大きなサンガがあったとして、その中にたった一人行儀の悪い者が混じっているだけでも壊滅の危険性は生じる。お布施をする側の一般人からすれば、そのたった一人の不品行を見ただけで「仏教のお坊さんというのはだらしのない人たちだ。お布施をあげる価値などない」という一般論にまで思いが広がってしまうからだ。

こういった事態を防ぐためには、サンガの中にどれほどしつけの悪い、あるいはどれほど心根の卑しい者が入ってきても、最低限、世間から非難されることのない行儀作法だけは身につくよう、なんらかの行動マニュアルが必要である。その中に示されているとおりに行動すれば、何も考えなくても、一応僧侶として必要最低限のマナーだけは守れる、そういった基本的なマニュアルである。それを新米の時代から徹底的に教育して守らせる。守らない僧侶は、サンガを壊滅に導く危険人物であるから、サンガから罰を与える。重罪なら仏教界からの永久追放。軽罪なら謹慎処分とか公の席での謝罪など。そうやって、定められたマニュアルを行動のための最高指針として、完璧な法治主義に基づいてサンガを運営する。そうやってはじめて、生産性ゼロの無職集団が、俗世間の中で尊敬され、潰されることなく存続していける。

その行動マニュアルこそが律である。律が仏教サンガ存続のためにどれほど重要な働きをしているかお分かりいただけると思う。律こそが、「好きな修行だけやって生きていく」というサンガの理念を現実化するための要なのである。

私は、仏教が非常にすぐれた宗教だと思っているのだが、その一番の理由は、この律という法体系にある。仏教の特質は、深淵な哲学や神秘的な宇宙論にあるとしばしば思われがちだが、それはそれである面あたっているとしても、決して見落としてはならないのが、その組織理論である。哲学や道徳なら、多少気の利いた人であれば頭の中で考えていろいろひねり出すこともできるだろう。しかし、大勢の、しかもいろいろな個性を持った人が集まったサンガという組織を一つにまとめ、「仕事を一切せず、仏道修行という非生産的な生活だけやり続け、それでいて社会から尊敬される状態で繁栄させる」という恐ろしく困難な状態を維持してきた律の機能は、並の人間に生み出せるものではない。その効能は実に二五〇〇年に及び、まだこれからも続く。最初に律の核となる部分をつくった釈迦と、その志を継いで数百年の間に完成形にまで持って行った弟子たちの見事な洞察力に感服するばかりである。

次の第三章では、その律の中に立ち入って、それがどういった基本構造の上に成り立っているのか、具体的な様相を見ていくことにする。

第三章　律が禁じた四つの大罪

この章では、律という法体系の中身を具体的に語っていく。法律というと何だか堅苦しくて退屈な世界のように思えるが、実際にのぞいてみると、当時の僧侶やあるいは一般人たちの考え方、暮らしの様子が生き生きと甦る、歴史情報の宝庫である。しかもそれは、「生き甲斐のための組織」が一般社会の中でどう活動していけばよいかを具体的に教えてくれるすぐれた教材でもある。現代の様々な出家社会で生きる人たちにとっての貴重な情報源になるだろう。

律の構造

まず少し、言葉の説明をする。律のインド語の原語はヴィナヤ（vinaya）という。意味は「正しく導くもの」「指導」である。「サンガを正しく導いていく規則」ということだ。その律は一応お釈迦様が一人で作り上げたという建て前になっているが、実際のところは二百年、三百年といったスケールで次第に付け足され、改造されながら今のかたちになってきた。しかし、誰がどう作ったにせよ、三宝のひとつであるサンガを運営するための土台だから、仏教にとってなくてはならないものである。サンガの運営は一から十まですべて、この律の規則に沿って行われるのである。今現在は、若干内容の異なる六本の律が伝わっていて、それらはパーリ語、サンスクリット語、漢文、チベット語など様々な言葉で書かれている。たとえばスリランカやタイのサンガはパーリ語の律を使っているし、チベット仏教のサンガはチベット語の律、韓国や台湾では漢文の律、というように地域ごとに違っているが、その内容は大枠すべて同じである。

第一章でも言ったように、律は大きく二つの部分に分かれていて、前半には「なになにしてはならない」という禁止事項の説明だけが集めてある。これを波羅提木叉《はらだいもくしゃ》・経分別《きょうふんべつ》という。波羅提木叉というのは、そういった禁止事項の条文だけをならべたリストのこと。経分別は、その波羅提木叉のリストの条文一つひとつについての細かい説明文を指す。波羅提木叉と経分別を合わせると、禁止事項の全体が理解できるようになっているので、合わせて波羅提木叉・経分別と言うのである。禁止事項は全部で二、三百ある（ヴァージョンによって多少ばらつきがある。また、比丘尼の禁止事項は比丘の禁止事項より数が多い）。

一方、後半部分は「なになにしなければならない」という行動のマニュアルになっている。たとえば「満月・新月の日には全員が集まって反省会をせよ」といった決まりはここに入っている。それは犍度《けんど》と呼ばれる。波羅提木叉・経分別と犍度、それに多少の補足説明がついて、その全体が律と呼ばれるのである。

波羅提木叉・経分別と犍度を合わせると膨大な量になるので、よほど集中して勉強しない限り、律の知識すべてを頭に入れることはできない。つまりサンガのメンバーの中でも、律の規則をすべて知っているのは、専門に勉強した特別な僧侶だけなのである。そういった律専門の僧侶は「持律者」とか「律師」と呼ばれる（インド語の原語はヴィナヤダラという）。ヴィナヤダラ以外の一般の僧侶たちは、二、三百の禁止事項のリスト、つまり波羅提木叉だけを覚える。それだけは覚えておかないと、知らない間に罪を犯してしまうからである。必要最低限の規則だけを覚えて暮らす一般の僧侶と、何か事があれば専門知識を使って問題解決にあたる律専門の僧侶、そういった二重構造で律は運用される。それは我々が暮らす一般社会と同じことだ。この私たちの社会では、普通の人は「ものを盗まない」「赤信号では渡らない」といった必要最小限の法律だけを覚えて暮らしていて、なにか特別なことが起こると弁護士という法律の専門家に依頼して細かい知識を教えてもらう。それは、社会全体が法律を土台として運営されており、そのために必要な法律があまりにも膨大な量になるため普通の者には手に負えなくなり、特別な専門家を養成せざるを得ないからだ。それと同じことがサンガ内部でも起こっているということは、仏教という宗教が厳密な意味での法治社会であることを明瞭に示している。

波羅夷という大罪

ここで律というもののイメージを把握してもらうため、波羅提木叉・経分別（「なになにしてはならない」）と犍度（「なになにすべし」）の中身を少し詳しく見ていくことにしよう。

律の前半部にあたる波羅提木叉・経分別は、禁止事項をひとつずつ順に説明していくものだが、その禁止規則は罪の重さによってグループ分けしてあって、重い罪のグループから順番に並んでいる。したがって最初に来るのが「一番重い罪のグループ」である。これを波羅夷《はらい》という。そこには四本の規則が入っている（女性サンガの場合は八本。女性の方が規律が厳しくなっている。仏教ではなにかにつけ女性が厳しく扱われる。サンガ内の女性差別については『出家とはなにか』参照）。その四本のうち一つでも犯した僧侶は、仏教の修行世界から永久追放となり、二度と正式の僧侶になることができない。仏教に生き甲斐を求める僧侶の立場からすれば、途方もなく重い罰である。その四本について見ていくが、分かりやすくするため、私なりにオリジナルの文章を少しアレンジしてみた。

1. 僧侶はどのような形であっても性行為をおこなってはならない。この規則を破ったものは波羅夷罪とする。ただし、やむを得ぬ状況になり、それを避けることができないと自覚した場合、緊急避難措置として「私は規則が守れない」と第三者に告げてからおこなったなら無罪である。

2. 他人の所有物を盗んだら、それが国家の法律によって厳しく罰せられるくらい価値の高いものであった場合には波羅夷罪とする。

3. 人を故意に殺した者は波羅夷罪とする。自分で直接殺しても、他の人を使って殺させても、あるいは「死ねば幸せになれるよ」などと嘘を言って死ぬことを勧め、その結果として死に至らしめても、すべて波羅夷罪である。

4. 自分で自覚もないのに、「私は悟った」「悟りに近づいている」といったようなことを人に語り、後になってから「実はあれは嘘でした」と自白した者は波羅夷罪である。ただし、その時本当に自分が悟りに近づいたように思い込んでいて人に話し、あとでそれが思い違いだと気づいた場合は無罪である。

※これらはいずれも、意図的に犯した場合のみ有罪となり、過失あるいは心神喪失状態での犯行は無罪である。

これを見てどう思われるだろうか。この四本がなぜ出家者にとって最悪の罪とされるのか。すぐには納得いかない点もあると思うので、これから一本ずつ詳しく検討していくことにする。この四本を波羅夷罪としたところに、実は釈迦の深い洞察を見て取ることができるのである。

性行為はなぜ禁止なのか

1．僧侶はどのような形であっても性行為をおこなってはならない。この規則を破ったものは波羅夷罪とする。ただし、やむを得ぬ状況になり、それを避けることができないと自覚した場合、緊急避難措置として「私は規則が守れない」と第三者に告げてからおこなったなら無罪である。

第一条は性行為の禁止である。僧侶が決して結婚できない理由がここにある。なぜ性行為が禁じられるのかというと、インドでは「本物の修行者は性行為をしないものだ」と皆が考えていたからである。修行して精神を鍛え上げようとしている人が性行為に関わると、せっかくの精神のパワーを一挙に失ってしまうというのである。インド社会全般がそう考えていた中で仏教もその路線を採用し、この波羅夷第一条で、「性行為の絶対的禁止」が定められた。したがってこれは、当時のインド社会が生んだ特殊な規則だと考えることもできる。

「性行為は絶対に禁止」と言いながらも、実際には、僧侶が生理的欲求に逆らいがたい場面もあったようで、面白いことにちゃんと救済措置がついている。頭ではダメだと分かっていても肉体的にどうしようもない時は、誰か他の人に向かって「私はどうしても規則が守れません」と告白すれば、そのあとおこなう性行為に限っては無罪になるというのである。この抜け道を悪用すればいくらでも放蕩生活ができそうにも思えるがそうはいかない。規則の抜け道を利用して邪《よこしま》な事を繰り返す僧侶を罰する規定というものが別にあるので、そちらで処罰されることになるからである。ここで対象にしているのは、たとえば女性信者に一方的に惚れられた僧侶が、その女性の計略にはまって進退きわまる状況に追いこまれ、もう自分の生理的欲求に逆らえなくなるといったケースである。あくまで、真面目な僧侶が緊急事態に直面した場合の救済措置なのである。

仏教で僧侶の性行為が禁止されたのは、「修行者は性的な事柄に関わってはならない」と考える古代インド社会の特殊な文化のせいだとするなら、それは古代インドだけで通用するものであって、現代社会では意味がないという見方も可能になる。「現代社会でなら、禁欲しなくても修行生活は可能だ」という主張も一理ある。しかし俗世間の人々が「僧侶は性的に潔白でなければならない」と考えている以上、その通念に反抗することは難しい。一般社会の思いに逆らって反感をかえば、社会からのお布施だけを頼りにして生きているサンガは潰れてしまうからである。そういう訳で、(日本以外の) 律を守っている大方の仏教国では、今でも僧侶は決して性行為が許されないのである。

これは宗教以外の様々な出家世界にも共通する構図である。たとえば政治家が性的なスキャンダルを起こした場合など、その深刻さの度合いは、社会がそれをどう受け取るかにかかってくる。性的にだらしないことと、政治家としての能力には直接の関係はないから、政治家が政治以外の私生活でどんなスキャンダルを起こそうが構わないという言い分は理が通っている。しかし問題は理詰めの納得ではなく、イメージとしての政治家の格好良さにある。

選挙で一票を入れ、税金で養い、その上政治資金まで「お布施」するという、そこまでの好意を社会の人々が示すのは、その政治家が「理想の人物だ」と思えるからである。その「理想の政治家像」の中に性的な潔白さが含まれている以上、政治家はそのイメージに自分を合わせなければならない。サンガの僧侶が律の規則によって自分自身を縛りながら暮らすのと同じだ。それができないということは、「なんとしてでも出家者として生きていこう」という意志が弱いということを示している。政治家が「自分の大望を実現するためにはなんとしてでも選挙で当選し、人々の税金を使わせてもらって社会を変えていかねばならない」と本気で考えるなら、そのために自分自身を「人々が考える理想の姿」に近づけていくのは当然のことである。「大衆に迎合する」ということではなく、「自己を理想の政治家像に近づけることで、志の高さを示す」という点で、常に自己を律していく必要がある。もしそれができないのなら、その人は真剣に政治を考えていないということになる。

生き甲斐を追求するためにどれだけ自分を律することができるか。それが出家の道を真摯に歩んでいることの目安になる。科学者にしろ、政治家の世界にしろ皆同じだ。社会に養ってもらう立場にある以上、「この人たちには、こうあってほしい」という一般社会の理想像に沿わない行動はすべて、規制されるのである。

もう一つの理由

仏教に話を戻す。僧侶の性行為が禁じられる波羅夷第一条を紹介した。この条文があるために、サンガの僧侶は男性も女性もすべて独身を通すことになる。僧侶は結婚しないし、もちろん子供も作らない。ただし「出家する前にできた子供」なら、いてもおかしくはない。釈迦自身、王子の身分を捨てて出家する前、すでに息子を設けていた（ラーフラという名で、後に父の後を追って僧侶となった）。しかし一旦出家して僧侶になったら、もう決して子供をつくることはできない。サンガで赤ん坊が生まれるということはない。だから、サンガの中には赤ん坊や幼児は原則として一人もいないことになる（妊娠した女性が出家してから赤ん坊を産むというケースはあり得るがきわめて希だった）。

サンガのメンバーはすべて、一般社会の中で生まれ育ち、ある程度の年齢に達してから決心して自分の意志で入ってくる人たちである。律によれば、人が出家できる最少年齢は十五歳とされている。男性サンガの場合なら、十五歳から二十歳までは沙弥《しゃみ》と呼ばれる見習い僧侶となって暮らし、二十歳を越えれば、比丘と呼ばれる正式メンバーへの昇格が許される（女性サンガの場合はもう少し複雑になる）。つまりサンガは「十五歳になった後で、外部から自発的に入ってきた人たちだけで作られた集団」なのである。サンガの中で生まれ、物心がついたらもうサンガのメンバーとして僧侶になっていた、などという事態はあり得ない。サンガは、「出家したい」と自分で決断した人だけを受け入れる組織なのだ。これは仏教が持つきわめて重要なポイントである。

世の宗教団体やコミューンの中には、家族ぐるみで俗世を離れて自分たちだけで島社会を作り、その中で家族が単位となって協同生活を送るというスタイルのものがよくあるが、そこには深刻な問題が存在している。すなわち「一般人として普通の価値観で暮らす自由」を子供たちから奪っているという問題である。島社会の中で生まれ、島社会の価値観で育った子供は、それ以外の選択肢を与えられることなく、特定の固定化した物の見方しかできなくなる。いろいろある中から自分で選ぶという基本的な権利を奪われたままに育って洗脳されていけば、組織にとっては都合のよいロボット人間が出来上がる。それは、「人に生き甲斐を与えるための組織」のあるべき姿からは程遠い、人から生き甲斐選択の自由を奪う偏狭な組織である。

仏教は、僧侶に性行為を禁じることで、この危険性を回避することができた。子供がおらず、外部から進んで入ってきた大人のメンバーだけで構成されているサンガは、誰にも価値観を強要しない。自分たち自身が「選んで入ってきた者」である以上、「人にはみな、多様な価値観の中から自分に合ったものを選び取る自由がある」ということをメンバーの誰もが理解している。そしてそういった視野の広さ、異なる価値観への寛容性が、仏教独特の穏健さを生み出してきたのである。

経分別の解説

律が単なる条文の寄せ集めなら、この波羅夷第一条のような短い文章が二、三百並んでいるだけだから、全体でも数十ページの薄い冊子で済むはずである。それがすなわち、波羅提木叉と呼ばれる条文のリストである。しかし実際には、その条文の一つひとつについて、「なぜそんな規則が作られたのか」「条文で使われている言葉の定義はなにか」「具体的にどういった事例があるか」といった細かい解説がついてくる。これを経分別という。したがって、波羅提木叉と経分別を合わせて全体を見れば、それは膨大な情報の集積体になっている。

性行為の禁止を定める波羅夷第一条についても、そういった解説文が沢山ついている。まず、釈迦がこの規則を定めたきっかけだが、次のような話があったという。釈迦の弟子でスディンナという僧侶がいたが、元の実家が大金持ちで、両親は彼に僧侶をやめて家の商売を継いでもらいたいと考えていた。スディンナが托鉢でたまたま実家に立ち寄ったところ、父母は「還俗《げんぞく》して、家を継いでくれ」と頼むがスディンナはこれを断る。そこで両親は「それならせめて、子供をつくってくれ。跡継ぎを残してくれ」と言って、スディンナの元の奥さんを連れてくる(スディンナは結婚していたのだが、妻を家に残したまま出家したのである)。そこでスディンナは仕方なく、この元の奥さんと交わり、子供をつくった。このことが後に釈迦の耳に入り、もう二度とそういうことが起こらないように、ということで波羅夷第一条「性行為の禁止」を制定したというのである。

これが「なぜこの規則が作られたのか」という物語。そして、この第一条の条文内で使われている言葉、例えば「僧侶はどのような形であっても性行為をおこなってはならない」という文章ならば、そこで使われている「僧侶 (bhikkhu)」とか「性行為 (methuna dhamma)」

といった用語の定義がしっかり定められる。その次には、「具体的にどういった事例があるか」という個別のケースが次々に紹介されていく。たとえば同性同士の交わりならどうかとか、人に化けた龍（つまり乙姫様）との性行為はどうかといったケースがいちいち取り上げられ、判断が下されていくのである（この場合はどちらも有罪である）。

律は第一条が性行為の禁止という、ちょっと公の場で紹介しにくい内容で、しかもそこに変な事例がいっぱい出てくるので、日本の仏教界ではある種ゲテモノとして扱われることもあった。しかし本質はきわめて真面目な法律集である。性行為の解説にしても、とにかくあり得るすべての場合を想定しておくことで、罪なき僧侶が冤罪で処罰されないよう細心の注意が払われているのである。

窃盗罪について

続いて波羅夷の第二条を見ていくが、構造の大枠はもう説明したので、あとは概略だけ示すことにする。

2．他人の所有物を盗んだら、それが国家の法律によって厳しく罰せられるくらい価値の高いものであった場合には波羅夷罪とする。

波羅夷の第二条は窃盗罪の規定である。盗んだらただちに波羅夷というわけではない。盗んだのが安物なら罪はもっと軽くなって、たとえば「ごめんなさい」と謝ることで許される場合もある。今で言うと、警察に逮捕され裁判にかけられる位の重大な窃盗を犯したら波羅夷になって永久追放だ、と言っているのである。「追放になったあと、その僧侶は一般の法律によってもさらに罰せられるのですか」という質問をよく受けるが、それはその土地の状況による。仏教を大切にし、僧侶に優しい国なら罰しないだろう。しかしそうでないなら、追放の後さらに窃盗罪で裁かれるはずである。国が僧侶をどう処遇するかという問題にまでサンガは口出しできない。したがって律にはその点に関してなにも規定がない。律はあくまでサンガ内部だけで機能する法律だからである。

この第二条にも第一条同様、いろいろな犯罪の事例が挙がっていて「盗み」の具体例を知ることができるが、それを見ると当時のインドの社会状況なども分かって面白い。たとえば脱税。人が旅をする時は途中に関所があって、そこで物品税を払わねばならなかった。しかしお坊さんの場合は、もともと税金がかかるような高価な物はなにも持っていないのだからフリーパスである。僧侶ならノーチェックで関所を通ることができる。この制度を悪用しようとする人がいて、一緒に旅をしている僧侶に「私の持っている商品をあなたの鉢の中に隠して、そのまま関所を通って下さい。無事関所を通ったら、あとでお礼のお布施をあげますから」と悪事を誘いかける。その誘いに乗って、鉢に物を隠したまま関所を越えたら税金泥棒として波羅夷になるのである。「足一歩分、関所の境界線を越えたら、その瞬間に波羅夷になる」というように、とても厳密に決められている。

ほかにもこういった、二〇〇〇年以上前の社会状況を反映した事例が数多く語られていて、文化史的な資料としても律は重要な意味を持っている。それらを一つひとつゆっくり調べていくのも律研究の楽しみなのだが、ここではそういった寄り道の余裕がないので、説明は大枠にとどめて次の第三条に移る。

殺人

3. 人を故意に殺した者は波羅夷罪とする。自分で直接殺しても、他の人を使って殺させても、あるいは「死ねば幸せになれるよ」などと嘘を言って死ぬことを勧め、その結果として死に至らしめても、すべて波羅夷罪である。

殺人は波羅夷罪である。間接的な殺人教唆も皆、殺人罪として扱われる。一方、過失致死は波羅夷罪にならない。もっと軽い罪になるか、場合によっては無罪である。たとえば僧院の建設作業を手伝っていて、放り投げた石が誤って人の頭に当たって死んでしまった場合は罪にならない。文中の「故意に」というところが重要である。「殺そう」と思って人の命を奪った場合にだけ、この第三条が適用される。それは、律の理念が「動機主義」であって「結果主義」ではないからだ。これは現代の法律と同じで、最終的にどういう結果になったかということよりも、その人はどういう意図でそのことをやったのか、それが判断の基準なのである（なお、人以外の動物や虫などを故意に殺した場合の罪は、これよりもはるかに軽くなる）。

ここにも様々な殺人の方法が紹介されていて、見ようによってはゲテモノだが、制作意図はきわめて真面目である。突然大声を出してびっくりさせて殺すとか、階段の手すりに切り込みを入れておいて、寄り掛かったときに壊れて落ちるように仕組んでおくとか、苦しんでいる人を安楽死させるための方法を家族に指示するとか、そういった様々な事例が次々に語られる（これら三つのケースはすべて波羅夷罪になる）。仏教が殺人をどういった観点で禁じたのかという問題は、現代社会の人の命の扱い方にも関わってくるので、少し詳しく述べておこう。

殺人が悪い行為だということは誰でも分かっているが、世の中には「社会によって正当化された殺人」というものもある。たとえば死刑や、国同士の戦争における戦闘行為などである。また、安楽死もギリギリのグレーゾーンにある殺人だ。脳死状態の人を死者として扱うことも、考えようによっては殺人になる。人の命を奪うという一点では皆同一の行動なのだが、社会的意味づけにより、それが犯罪になったり善行になったりする。これはその時代、その社会の状況が決定する不確定な分類分けであって、「絶対にこうだ」と断定することのできない問題である。

ではこういった不確定問題について、仏教はどういう姿勢をとるのか。原則ははっきりしている。「波羅夷第三条で故意の殺人が禁じられている以上、僧侶はどんな状況にあっても、意図的に他人の命を奪うことはできない」ということである。どんな状況でも許されないのだから、僧侶が人の死刑を決定したり、戦争で出兵したり、安楽死に手を貸したりすることは絶対にできない。ともかく、自分が「人の命を奪う行為」に関わることは、どのような形にせよ禁じられるということである。

しかしこの原則を無闇に広げて、上で挙げたような社会的不確定問題にまで適用しようとすると問題が起こってくる。たとえば死刑制度をどうするか。それはその社会の人たちが真剣に議論して決めていく問題だが、仏教が関わることはできない。なぜなら「死刑は人の命を奪う行為だから禁じるべきだ」という主張と「死刑をなくして社会が乱れれば、殺人事件も増える。それは結局、死刑廃止が人の命を奪うということではないか」という主張のどちらも一理あるからである。どちらも一理ある事について出家者が片方の主張に与《くみ》すれば、それは殺人に関与するということになる。死刑も戦争も脳死もみなそうだ。それらはみな、「誰かが幸せに生き、その分、誰かが命を奪われる」という側面を持っている。そこに口を出すということは、「どんなことがあっても人の命を奪う行為に意図的に関わってはならない」という原則を崩すことになる。もし出家者が社会的問題に関わりを持つとするなら、それは「あらゆる面から見て、一人残らず、すべての人の利益になる行動」に限定される。たとえば災害救助の手助けや自殺防止、終末医療といった活動はなにも問題がない。だが、多数の人の利害がからむ社会問題に「仏教では」などと言って口を挟めば、思わぬところで殺人の手助けをすることにもなりかねない。

実際、「仏教修行者は世間のまつりごとに口を出さない」ということは、律の規則で厳密に定められている。古代インド仏教の組織運営が、大変深く考え抜かれたものであったことがこの一事でもよく分かる。死刑に関して言うなら、死刑制度の存廃は世間の議論に任せる。しかしもしも自分が人の死刑に関わる立場に立たされたなら、断固として身を引く。それが僧侶の取るべき姿勢ということになる。その他の問題に関しても同じである。

波羅夷第三条において注目すべきもう一つの点は、殺人の事例の中に「自殺」が含まれていないという事実である。詳しく語る余裕はないが、この第三条の説明の中に、一見したところ自殺を禁じているように見える物語が含まれているため、「仏教の律は自殺を犯罪として禁じている」と言う人もいるが、そうではない。規則を詳細に見ていけば、そこに自殺を禁じる規定はなにもない。仏教はもちろん自殺を奨励したり容認したりはしないが、それを犯罪行為として糾弾するようなこともないのである。

仏教は本来、我々をコントロールする絶対者の存在を認めないから、「絶対者が与えてくれた命を勝手に断ち切るのは犯罪行為だ」という思いがない。自殺は、確かに好ましくない悲しい行為であるが、それが罪悪視されることはない。仏教では煩悩と結びつくものを「悪」と言うのだが、自殺は煩悩と結びついた行為ではないので、「悪」ではないのである。ただそれは、せっかく人として生まれて、心を向上させるチャンスを手にしているのに、それをみすみす逃すという点で「もったいない行為」なのである。自殺を犯罪視せず、自殺者の心を「人としての一つの有りよう」として理解する。それが自殺に対する仏教の立場である。

「悟り」を偽ること

つづけて波羅夷グループの最後、第四条の条文を見ていく。

4．自分で自覚もないのに、「私は悟った」「悟りに近づいている」といったようなことを人に語り、後になってから「実はあれは嘘でした」と自白した者は波羅夷罪である。ただし、その時本当に自分が悟りに近づいたように思い込んでいて人に話し、あとでそれが思い違いだと気づいた場合は無罪である。

いかにも仏教らしい規則である。悟りの自覚がなにもないのに嘘をついて、「私は悟った」とか「もうすぐ悟りそうだ」などと言い、あとになってから「あれは実は嘘でした」と自白したなら、永久追放という厳罰に処せられるというのである。では自白しなかったらどうなのか。嘘をつき通してそのまま悟ったようなふりをしていたら罪にはならないのか。ここは難しいところで、罪にならない、というより「罪にしようがない」のである。悟りというのはあくまで自覚の問題であって、なにか客観的な基準で計測できるものではない。「私は悟った」と言って、それらしい態度をとり続ければ、他の者がそれを否定するわけにはいかない。どんなに「あんな奴、悟っているわけがない」と思っても、否定はできない。それが嘘だと分かるのは、本人が「嘘でした」と自白した場合だけである。したがってこの規則では、「自白した場合に限り罪になる」と言うのである。では、この規則は一体なんのためにあるのか。なぜ「悟った」と嘘をついて、あとでそれを自白したら、波羅夷という、律の中でも最も重い罪になるのか。

ここで問題になるのは、お布施をしてくれる一般の人たちとの関係である。その人が本当に悟ったのか悟っていないのか、それは律から見ればどうでもいいことだ。律が目指すのは、世間から顰蹙をかうような僧侶の行動を未然に防止するという一点にある。完全依存型島社会であるサンガを、社会からのお布施だけを頼りに維持運営していく、そこに律の存在意義がある。したがってここで問題になるのは、その僧侶が悟ったかどうかではなく、悟ったと嘘をついてお布施を余計にもらおうという、その邪な行為なのだ。

在家の信者たちは日頃から「立派なお方にお布施を差し上げたい」と思っている。どうせお布施をあげるのなら立派な人にあげた方が、あとで戻ってくる果報、つまりお布施の見返りとしての将来の幸せが、一層大きくなると信じているからである。そして悟った僧侶（これを阿《あ》羅《ら》漢《かん》という。俗に言う「羅漢」である）はサンガの中でも一番立派な人だから、当然その人に一番高級なお布施を一番沢山差し上げたいと考える。つまり「私は悟っている」と言えば、お布施が沢山集まるということだ。もし本当にその僧侶が悟っているならそれでなにも問題はない。本当のことを言って、それでお布施が沢山集まるのだから何も悪いことはない。悟った人なら、お布施が山のように積まれても、それで心が動いたりはしないはずだ。しかし、もしも強欲な僧侶がいて、そのお布施目当てで「私は悟っているのだ」と嘘をついていたのなら大問題である。それがあとで嘘だとばれたら、信者はカンカンになって「仏教の坊さんは詐欺師だ。私たちのお布施を盗んだ」と言って非難する。そうなるとサンガは世間から見放され、養ってもらえなくなって壊滅する。こういった災厄を避けるためには、悟ったと嘘をつくことは厳禁であるし、それよりもさらに憂慮すべきは、悟ったと嘘をついたことを、あとで皆に知られてしまうことである。そういう事態を防ぐためにこの規則ができた。サンガを壊滅の危険にさらさないための処置である。

この条文の後半には、本当に悟ったと思い込んでいる自信過剰な僧侶のケースが出ている。本当に自分は悟ったと思い込んでいたのなら、そこに悪意はないから無罪ということになるのである（動機主義）。このような自信過剰な人のことを仏教用語で「増上慢《ぞうじょうまん》」と呼ぶ。増上慢は決して良いことではないが、犯罪性はないということである。

俗世間との関係性

波羅夷グループの四本だけを取り上げて簡単に説明した。この四ヵ条が僧侶の最大の犯罪として一まとめになっているのは、単にその行為の犯罪性が高いからではない。第一条の性行為も、第四条の「悟ったという嘘」も、行為自体は決して犯罪性を持っていない。一般社会の中ならなにも問題のない行為である（嘘はあまりよくないが）。それなのに、サンガの出家者にとってはそれが最大の罪となる。一般人の犯罪と出家者の犯罪は、その基準が大きく違っているということだ。その理由は言うまでもなく、出家社会は俗世間に依存しなければ生きていけないというところにある。俗世間から資財を入手しなければ活動していけないのだから、決して俗世間の期待を裏切るようなことをしてはならない。世間の人々ががっかりして、お布施する気持ちを失ってしまうような行為こそが、出家者にとっての最大の犯罪となる。それがその島社会全体を破壊して、全メンバーを路頭に迷わせる危険があるからだ。「出家者は性行為などするべきでない」と人々が考えているのだから、性行為は厳しく禁じられる。「悟っていないのに悟ったと嘘をつく出家者は最低だ」と皆が批判するので、悟ったという嘘が禁じられる。それは盗みや殺人と同レベルに悪質な出家者の犯罪になるのである。

ではオウム真理教はどうか。オウムの場合は、俗世間から資財を入手するための方法として「お布施」ではなく、「強奪」という手段を選択した。否応なく一般の人たちから金品を奪い取るというやり方である。具体的に言えば、「出家を願う者は、すべての個人資産をオウム真理教に寄付せよ。それができない者は出家させてやらない」と言って、出家希望者やその家族たちの資産を無理矢理むしり取った。一般社会の好意に依存するのではなく、暴力的強奪で資財を確保しようとしたのである。そのためオウムは、世間の人たちに嫌われないよう気遣いをする必要がなかった。嫌われようが罵られようが、金は無理矢理むしり取るのだから、何を言われても平気である。自己規制の必要性が全くなかったのである。「世間の顰蹙をかうような行為は慎まねば」などという思いは全くなかった。そして麻原の独裁的な指示で動いていればうまくいくと信じて、ひたすら反社会的な方向に突進していったのである。こういった視点から見たオウム事件の意味については、次の第四章で詳しく解説する。

宗教世界ではない、別の出家世界に関しても、この波羅夷四ヵ条は重要な知見を与えてくれる。科学者であれ政治家であれ、どういった出家世界であっても、それが出家者の集団である限りは、世間からの支援なしには運営が立ち行かない。そのため、世間での信用を失墜させるような行為は御法度《ごはっと》である。したがってそういう行為が、その世界での最大の重罪となる。科学者の世界なら、「業績の盗用」や「研究費の私的流用」、「まともに研究活動もしていないのに、いっぱしの科学者のような顔をして、いい加減な話で世の注目を集めようとする態度」などがそれにあたる（なんとなく波羅夷に似ているところが面白い）。政治家なら「汚職」「決断しない日和見主義」「国全体のことを考えるふりをして、一部の近しい人たちの為にだけ活動する近視眼的思考」などがある。これらは一般社会においては殺人や窃盗と同列に置かれる程の悪行ではない。しかし出家の世界では、波羅夷四ヵ条が極悪罪とみなされたのと同じ理屈で、それぞれの島社会内での極悪罪となる。信用を失墜させ、グループ全体を沈没させるからである。

仏教はそれに対して永久追放という極めて重い罰を科した。深刻な犯罪には厳罰をもって対処するという、その自浄作用もまた、世間からの評価の対象となるからである。罪を犯した者を、どれほど厳格に処罰するか。その点が重要なのである。「汚職」を重罪だと定めたのなら、汚職した者を毅然として処分できなければ意味がない。罪ばかり厳しく定めておいて、肝心の罰が骨抜きなら、それもまた島社会失墜の一大要因となる。波羅夷というわずか四ヵ条の条文ではあるが、そこにはサンガ運営の基本理念が最大限に盛り込まれていることが分かる。

波羅夷四ヵ条のそれぞれについて、いくぶん詳細に説明してきた。以下「僧残《そうざん》（十三ヵ条）」「不定《ふじょう》（二ヵ条）」「捨堕《しゃだ》（三十ヵ条）」といった名前で呼ばれる罪のグループが続いていく。それが全部で二百ヵ条以上続くのだから量も多くなる。ただし、後ろの方は、もっと軽い罪ばかりになるから説明もどんどん短くなっていく。科せられる罰も、「永久追放」などという厳しいものではなく、「一定期間の謹慎」とか「陳謝」といった軽微なものになる。全体として見れば、頭でっかちで尻すぼみといった体裁である。参考のために最後尾の一番軽い罪をいくつか紹介しておこう。それは「衆学法《しゅがくほう》」とよばれるグループで、ほとんど行儀作法といったレベルの規則である。たとえば、

・第一条「ちゃんと正しく下着をつけよ」
・第二条「ちゃんと正しく上着をつけよ」
・第十一条「笑い声をあげながら在家の人々のところへ行ってはならない」
・第三十九条「大きなご飯の固まりを口に入れてはならない」

といった具合である。衆学法グループでは、こういった規則が七十条以上続くが、これらを破った場合は心の中で反省すればそれでよい。まさに行儀作法である。これで波羅提木叉・経

分別の説明を終わる。最も重い罪と最も軽い罪だけ紹介した。中間部分はそこから推し量っていただきたい。

犍度について

次に律の後半部分、犍度《けんど》を紹介しよう。経分別が「僧侶がしてはならない事柄」を決めていたのに対し、犍度は「僧侶がサンガのメンバーとしてしなければならない義務」を決めている。特に重要なのは、サンガのメンバーが全員そろって行う集団行事の方法である。それが正しく決められていないと運営がストップしてしまう。現代社会の会社組織でも、指揮系統や運営方法がしっかり決まっていなければ、社員はただの烏合の衆になって収拾がつかなくなる。サンガ運営のために必須の行動マニュアルが犍度である。

犍度は、約二十のテーマに分かれていて、サンガが直面するあらゆる場面に対応できるようになっている。たとえば第一番目は「出家の章」。サンガにとって最も重要な行事である出家儀式（受戒ともいう）の執行方法が事細かに説かれている。

僧侶は、先程紹介した波羅夷第一条の規定により、結婚することも子供を作ることも許されないから、「お坊さんの子供」というものはあり得ない。したがって僧侶が子供を作り、その子が親の跡を継いで僧侶になるという、家督相続のようなことも起こりえない。子が親の寺を継ぐという日本的仏教世界は日本だけの特殊な状況である。サンガというのは、血筋で跡継ぎを作ることのできない世界だから、組織を保持していくためには、常に外部の俗世間から新人を連れてこなければならない。先に言った、十五歳以上の新入会員である。俗世に生まれて出家したいと望む人を受け入れ、あらたな僧侶として教育していくことでサンガは時代を超えて続いていくのである。

その新たな入門者を受け入れる儀式が正しく遂行できないと、新しいメンバーを受け入れることができない。そうなると僧侶の数は次第に減っていって最後には消滅してしまう。出家儀式がサンガ維持のため、どれほど重要なものかが分かると思う。犍度の第一章では、その出家儀式の執行方法が順を追って事細かに解説されているのである。それだけではない。儀式が無効になってしまう間違ったやり方や、やむを得ぬ事情で正式な儀式が執行できない場合の緊急措置など、ここもまた経分別と同じく、あらゆる場合が想定されている。

この儀式の基本は、出家して僧侶になりたいと希望しているその本人に、何か僧侶として不都合な点がないかをチェックすることと、そのサンガのメンバー全員が、その人の受け入れに異存がないかを確認すること、この二点である。本人に問題がなく、皆が受け入れに同意すれば、この儀式は無事完了し、新たなメンバーが一人増えるということになる。肝心なことは、新しいメンバーの承認が、特定の一個人ではなく、そのサンガ全員の合意によって与えられるということ。ここにもオウム真理教との根本的な違いが現れている。オウム真理教では、麻原という一個人が「お前の出家を認める」とか「認めない」といった裁決を下していたが、仏教のサンガではそういった事態は起こらない。ここでは詳しく語る余裕がないが、律の中で定められている手続きにより、誰の思惑にも左右されず、儀式は自動的に進行していくのである（儀式の詳細な手順については拙著『出家とはなにか』で説明しておいたので興味のある方は参照していただきたい）。

この、犍度の第一章で決められている出家の儀式こそが、人が僧侶になるための「唯一の方法」である。唯一というのは文字通り「それしかない」という意味であって、この儀式を通過しない限り、仏教世界では正式の僧侶として承認されない。タイやスリランカなどの上座仏教国はもちろんのこと、韓国、台湾、チベット、ベトナムといった大乗仏教国でも、僧侶である限りは必ずこの儀式を受けている。もしこれらの国々の僧侶がどこかで出会って、自分たちが出家した時の様子を互いに紹介しあったとしたら、皆同じ内容を語るはずである（ただし大乗仏教国では、この儀式の中に若干の大乗的な付属儀礼が付け加わっている）。この出家の儀式は仏教世界すべてに共通する最も根本的な共通項なのである。

犍度は、第一章が出家儀式の方法で、次の第二章では布薩《ふさつ》という儀式の執行方法が定められている。布薩というのは、毎月の満月と新月の日に（つまり月に二回）、そのサンガの正式メンバー全員が一ヵ所に集まり、波羅提木叉の禁止事項二百条あまりの一つひとつを確認し合い、それに違反していないかどうかを自己反省する儀式で、この儀式に参加することがサンガの正式メンバーであることの必須の条件とされている。半月に一度チェックするというのだから、律を守るということがどれほど重要視されていたかよく分かる。布薩はサンガの結束を示す大変重要な儀式なので、失敗がないよう、その手順は犍度の第二章において非常に細かく定められている。もちろん、律のない日本の仏教では行われていない。そのため日本人には全くなじみがないのである。

出家儀式や布薩儀式以外にもサンガには様々な重要行事があって、その執行方法はすべて犍度の中で決められている。その一つひとつを細かく説明する余裕はないし、重要なポイントに関しては後ほど詳しく語りたいと思っているので、ここでは大枠だけ示しておく。

・僧侶がサンガからサンガへ移動するのは全く自由であって、場合によっては延々と移動し続けることも可能である。ただし、雨が多い夏の三ヵ月間だけは、一ヵ所に腰を落ち着けて定住しなければならない。この間だけは移動禁止である。雨の中を無理して歩くと、足下の水たまりの中の虫を踏み殺してしまう危険があるからだ。この三ヵ月の定住を雨安居《うあんご》という。犍度では数章を使って、その雨安居の間の特別な生活規則を決めている。

・サンガを運営するには、組織としての決定機関がどこかになければならない。オウム真理教は麻原が絶対的な権力を握っていて、物事をすべて独裁的に決めていたが、法治主義で動く仏教サンガにはどこにもそういった権力集中の場がない。したがって様々な事項はすべて全員参加の会議で決める。直接民主主義である。犍度には、その会議の運営方法も詳細に記載されている。

・サンガで使用するいろいろな物品についても決まりがある。サンガは本来、出家者が四人以上集まって、界と呼ばれる独自の領域を設定するだけで成立するものだから、建物や調度品や日用雑貨などなにもない、ただの野っぱらしかないサンガというものもあり得る。しかし実際には、まわりの信者さんがいろいろなものを布施してくれたので、様々な資産・物品が揃っていた。お寺の敷地も建物も、部屋の中のベッドも椅子もカーペットも、毛抜き・カミソリ・タオルといった道具類も、さらには病気の時に用いる薬品まで、お布施でなんでも揃う。そうなれば当然、その管理方法を決めておかねばならない。たとえば「土地、建物といった不動産類や大きな調度品はサンガの共有財であって個人所有を禁ず」とか、「油や蜂蜜などを薬品として貯蔵する場合は七日間を限度とする」といった具合である。そういった物品管理の規則もすべて犍度で決められている。

・サンガは、大勢の僧侶が一ヵ所に集まって生活する共同体であるから、人間関係によるトラブルも発生する。仲間割れ、身勝手な迷惑行為、足の引っ張り合い（僧侶も人間だ）。こういった問題が大きくなると、サンガ自体の社会的信用にかかわってくる。したがってそういうトラブルを速やかに解決して、皆が一体となって修行生活を続けていくための「トラブル解決法」も犍度の中の重要なテーマとなっている。

・仏教がわざわざサンガという特別な組織を作った理由の一つとして、教育の効率化があった。

皆がバラバラで暮らしていたのでは、先生が弟子にものを教えるという作業がうまく進まない。師弟が常に共同生活を送ることではじめて、釈迦の教えの伝達がスムーズに進むのである。したがってサンガの内部では先生と弟子の関係というものが大変重要視される。「弟子は先生に仕え、先生は弟子を導く」という上下関係が厳密に決まっている。そしてその関係を円滑に維持していくためには、「弟子の行動マニュアル」「先生の行動マニュアル」といったものが必要となる。それを決めているのも犍度である。その基本理念は「互いに助け合い、互いに伸ばし合う」というもので、先生が弟子を支配するといった強権的な世界ではない。

以上、律の中身について概観してきた。ここでは大枠しか言わなかったが、仏教のサンガがどれほど緻密で合理的な法体系によって運営されているものか、そこだけはよく理解していただけたと思う。日本以外の多くの仏教国の僧侶たちは、今でもこの律に従って日常を過ごしている。二五〇〇年も前の規則だから、中には現代生活と合わない不要のものも多く含まれていて、様々な問題を起こす可能性もある。だがそれはそれとして、この律のおかげでサンガが平穏に穏健に二五〇〇年間運営されてきたことは間違いのない事実である。律は決して干からびた文化遺産ではない。今でも仏教の大切な土台となって、その屋台骨を支えているのである。

第四章　オウム真理教はなぜ壊れたか

第三章までは、仏教、特に釈迦が創設した一番おおもとの仏教の基本理念について語ってきたが、折に触れて、その仏教の裏返しの失敗例としてオウム真理教に言及してきた。しかし断片的にオウムの事例を積み重ねても、全体像が見えていないと比較する意味が薄れてしまう。そこで、仏教の大枠の解説が終わったこの段階で、オウムについても全体の概略を示しておこうと思う。

オウム真理教事件は、「宗教が人を不幸にする」典型的な例である。オウム信者によって殺害され傷つけられた多くの人々やその家族たちに計り知れぬ不幸をもたらし、そして一方、加害者のオウム信者たち自身もまた、多くが不幸を背負った。この世に真の幸福をもたらすのだ、信じる者を救うのだといったきらびやかなキャッチフレーズにのせられて入信した数千人の信者たちの多くが、気がつけば犯罪組織のメンバーとして社会から後ろ指をさされる哀れな立場に立たされていた。「こんなはずではなかった」という悔恨が、多くの元信者たちを今も苦しめている。

オウムと仏教の共通性

その、極悪非道間違いなしと思えるオウム真理教だが、ベースは釈迦の教えである。教主麻原彰晃自身も明言しているように、彼が尊敬し手本としたのは仏教の開祖、お釈迦様である。極端な超能力重視の姿勢や、「世界はもうすぐ最終戦争によって破滅する」といったハルマゲドンのアイデアなどは麻原の個人的な主張だが、「修行によって人生の苦しみを取り除こう」という基本姿勢は、釈迦が考えたものと全く同じだ。たとえば麻原は、教団発展期の代表的な著書『生死を超える』（オウム出版）の中で、次のように述懐している。書いたのがオウム真理教の教主だという先入観を一旦取り払って、人生に悩む若者の立場で読んでみてもらいたい。

「生きていくって、何てつらいんだろう。」

ふと立ち止まっては、こんなことを思う。仕事がうまくいかない、生活が苦しい、現実に直面して夢敗れる、失恋、孤独、……さらには逃れられない老い、病、そして死。どうしてこんなに苦しみが多いのだろう。まるで苦しむために生まれてきたみたいなものじゃないか。たいていの人間は、こんなことを考えるに違いない。でも、考えたからといって、それから離れることができるのだろうか。恐らくできないだろう。苦を背負ったまま、自分の心をごまかしながら生きていくのが普通であろう。

　ところが私はそういう妥協ができなかったんだ。私だって、私なりの苦を持っていた。でも、自分をごまかすなんて、不器用な私にはできないことだった。普通だったら、死ぬしかないっていう状態だ。そこで何をしたかというと、「真の幸福」を探して、がむしゃらに精神世界に飛び込んでいったんだ。もともと物好きだったし、熱中すると我を忘れる性格だったからね。

（中略：佐々木）

　私はヨーガに巡り合った。そして、解脱によって生死を超越し、真の幸福をつかむことができると確信したんだ。

　それからは黙々と、ヨーガ経典を頼りに修行に励んだものだ。ヨーガというものは面白いもので、進歩を測るのに「超能力」を目安にする。つまり、どの超能力が身につけばどの段階か、ということがはっきりしているのである。もちろん、私も少しずつ超能力を獲得していき、いつしか超能力者と呼ばれるようになった。しかし、これはあくまでも付録で、最終目的は解脱だ。

　やがて私は経典に書かれている、ヨーガの最終段階に到達した。ところが、それは私が求めていた解脱とは違っていた。まだまだ途中の段階だったのである。それを知ったときは、再び暗闇の中に放り出されたような気分だった。さて、どうしたものか。より高い段階へ行くには、どういう修行をしたらよいのだろうか。しばらくの間、停滞期が続いた。そして、あるときヨーガ発祥の地であるインドが、私を呼んでいるのを感じたのである。私は当時全く自分の時間がない状態であったが、意を決してインドへと飛んだ。なにがしかのヒントを得られることを信じて。

ともかく、聖なるヒマラヤ山中で、ひとりきりで修行することができた。こんなことは、日本においては多忙を極める私にとって、後にも先にもこのときだけだろう。これがインドに呼ばれた理由だったようだ。

（中略：佐々木）

まあ、このように紆余曲折の末、私は解脱を果たした。解脱とは期待に違わず、素晴らしいものだった。苦は滅し、生死を超越し、絶対自由で絶対幸福の状態――、その表現には少しの誇張もなかった。あの釈迦牟尼仏も、この状態を得ていたのだ。ところで、私はここまで到達して初めて、釈迦牟尼仏が残した『縁起の法』が実は解脱の方法であることを知った。私自身が自己流ながら行ってきた方法と、全く同じものである。もっと早く気付けばよかった、と少し口惜しいような気もするが、仏教学者といえど知らないのだから仕方のないことだ。

しかし、今の私には『縁起の法』や私の体験をもとに、秘められていたその方法をご紹介することができる。まずは本書を読んでいただきたい。あなたの魂はそれを願っているはずだ。

「これを書いたのは誰か」と聞かれたら、私なら「まっとうな仏教徒でしょう」と答えてしまうかもしれない。そしてそれは決して間違いではない。自分が超能力者であることをことさら強調する態度には嫌らしい尊大さを感じるが、それでも「老、病、死の苦しみ」を滅するために修行して解脱を目指すというコースは、間違いなく釈迦が説いた教えである。神通力にこだわるヨガの道を越えたその先に、仏教という「真の幸福への道」が延びているという自覚は、釈迦自身が辿った心の遍歴と重なる。そして、その解脱への道が「縁起の法」によって可能になるという主張もその通りである。麻原自身が正しくそれを理解していたかどうかは別としても、仏教で最も重要な原理は「縁起の法」である。それは言い換えるなら「この世は原因と結果の因果関係で成立している（つまり原因を縁として結果が起こる）」という世界観である。釈迦の仏教は、この世界観の上に成り立っている。この世は「縁起の法」に沿って動いているのだから、それを正しく理解することができれば、世界を正しく見ることができる。そして世界を正しく見ることができた時、迷いの心から生み出される様々な苦しみは消えていく。釈迦はそう言った。間違いなく「縁起の法」は仏教の土台なのである。つまりここで麻原が言っていることは、実に正当な仏教思想なのである。

このように、仏教とオウム真理教は「外面上の教え」に関してはほとんど違いがない。したがって、内実を知らない人が外から見ると同じに見える。しかし最終的に、オウムが仏教とは似ても似つかぬ暴力集団になった以上、両者はどこかが根本的に違っているはずだ。教えが同じだというなら、違っているのは教え以外のところに決まっている。それはつまり運営の方法である。

オウムの黎明期

オウム真理教の活動を年を追って見ていくと、その運営方法が短期間で劇的に変化した状況が見て取れる。一九八四年の「オウム神仙の会」創立から一九九五年の地下鉄サリン事件までのおよそ十年間で、オウムは平和的仲良しヨガサークルから無差別殺人集団へと急激に変貌していった。表側の「教え」はきれい事のままで変わらないのだが、実際にその内部で活動する信者たちの組織形態が麻原の思惑に沿ってどんどん変化し、過激化し、暴力化したのである。そこにはオウムが釈迦の仏教とは似ても似つかない劣悪な組織に変容していく歴史がある。その様子を時を追って見ていこう。

オウム真理教の教主麻原彰晃の本名は松本智津夫。麻原彰晃というのは、集団のリーダーとなった後につけた別名である。松本智津夫は一九五五年に熊本で生まれた。したがって、一九八四年から九五年の約十年間というのは、彼が三十歳から四十歳になる時期である。釈迦が出家して悟りを開き布教活動を始めたのも、同じく三十歳から四十歳の間だった。そこには新たな宗教教団を立ち上げる若き宗教家という共通のイメージが浮かんでくる。

松本智津夫（以下、麻原彰晃と呼ぶ）は、小さい時から多少視力が弱かったが、日常の生活に支障がでるほどのものではなかった。しかし貧しい家計を障害年金で補おうという親の意向で、あえて盲学校に入学。二十歳までそこで学ぶ。在学時代から金を儲けることに強い意欲があり、また「人の上に立ちたい」という願望も強かったという。後にオウム真理教を立ち上げ、自分の思うがままに動く多くの信者たちが周りに集まった時、この志向が極端な形で表に現れてくる。独裁制をしいて信者を自在にあやつり、強引なやり方で人の金を奪い取るというオウムの運営方法は、この麻原の個人的性向に負うところが大きい。

一九七五年、盲学校を二十歳で卒業した後、鍼灸師となって関東に出る。「東大法学部を受ける」と言って予備校に通っていたが、そこで知り合った石井知子と結婚。やがて鍼灸院を開業するかたわら、「四柱推命」などの中国の霊法に興味を持つようになり、様々な領域を遍歴した後、ヨガや原始仏教など、インドの精神文化へと移行していく。この時期、新興宗教の「阿含宗」に三年間入信していたといわれている。麻原が世界の宗教と出会い、その中からヨガと仏教を選択していく、そういう時期である。このころ麻原は、仕事に追われる日常の中で、出家修行ができないことを嘆いていたという。俗世に身をおいて、片手間で修行することのもどかしさを感じていたのであろう。後にオウム真理教が「出家」という事をさかんに強調するようになるのは、この時の思いの反映だと考えられる。この、「自分の好きな修行を、思う存分に続けていきたい」という思いは釈迦も麻原も変わらない。早くから出家を志したという点から見ても、二人は同じ世界の人である。

やがて漢方薬局を経営するようになるが、一九八二年「天恵の会」という組織を作って会員を集め、自家製の薬（人参の毛やヘビの皮などを酢酸とアルコールに漬け込んだもの）を無許可で売りさばいた。それが発覚して逮捕、罰金の刑。その後二年間は逼塞《ひっそく》。国家権力や司法への反感が増大した時期である。同じ出家を志しながらも、麻原の心の裏側には釈迦と違って、「儲けたい」という思いが常に潜んでいた。このニセ薬事件はそのことを端的に示している。

二年たった一九八四年、渋谷で株式会社オウムを興し、さらに「オウム神仙の会」をつくる。この会の主な活動は、ヨガ教室と健康飲料の販売。細々とした生活ではあったが、この時代の会員たちは特に宗教的活動を目的とするわけでもなく、和気あいあい、仲良く楽しく超能力パワーの獲得を目指す、一種のサークル活動を楽しんでいた。麻原自身もきさくなヨガの先生といった感じで、メンバーたちと気楽な付き合いをしていたということである。人を洗脳して好きなように使うという状況が整っていなかったため、麻原の欲望はまだ心の内に留まっていたのである。

ヨガ教室から宗教法人へ

一九八五年二月、(本人の主張によれば)超能力による空中浮遊に成功。その写真が当時人気のあった超常現象専門雑誌『ムー』『トワイライトゾーン』で紹介されると、麻原の名前と顔が一躍世に広まる。この空中浮遊の写真は、オウム事件の時に何度もメディアで紹介されたので記憶しておられる方も多いと思う。髪を逆立てた麻原が、足を組んだまま空中に数十センチ浮かんでいる、あの写真である。もちろんこれは超能力で飛んでいるわけではなく、単にがんばってジャンプした瞬間を写真に撮っただけの話である。それでも超能力趣味のある若者達には大変な衝撃を与える画像だった。超能力者麻原彰晃のデビューである。

一九八六年、弟子たちと一緒にインドへ出掛け、ヒマラヤ山中で「最終解脱」を得る。先の『生死を超える』で紹介されていた話である。ただし、この「最終解脱」なるもの、周りにいた弟子達さえ首を傾げるような、実にあやふやな体験であったという。麻原は「私は最終解脱した」と宣言するばかりで、その具体的内容に関しては以後語ることがなかった。「最終解脱とは一体どういうものか」という具体的な説明は、結局今になってもなにも分からないままである。しかしともかく、この段階で麻原は「自分が超能力者であり、人よりはるかにすぐれた最終解脱者である」との強い自覚を持つようになる。弟子達も「この世の絶対者」として麻原を崇拝するようになる。青年期から心中に潜んでいた金銭欲や権力欲と、この優越感が結びつけば、当然のことながら「私には大勢の人間を自分の思うがままに動かせる力がある」という誇大な妄想が立ち現れてくる。そして翌年の一九八七年ころから、その妄想が、少しずつ現実世界に姿を現し始める。オウムが変わっていくのである。

一九八七年七月、「オウム神仙の会」は宗教団体「オウム真理教」となる。名前が変わり、そして中身も変わった。ヨガ教室が、宗教団体になったのである。それまでの「みんなで遊ぶ楽しいヨガ教室」は、麻原の妄想をエネルギー源とする「修行教団」へと変容し、麻原の思い描く世界を現実化するための「装置」に変わっていった。「趣味の集団」が「真剣な宗教団体」へと顔を変えたのだから、「遊び」が「まじめ」になった分、良い方向へ発展したかのように思えるが、実際にはここが殺人教団としてのオウムの出発点になった。人の道を真面目に説き始めたその時に、オウムは恐るべき無法者の集団に変貌したのである。

このころ、メンバーも激しく入れ替わった。ヨガ教室時代、すでに会員は六百人以上にも達していたが、その多くが「オウム真理教」発足と同時にやめてしまった。やめた人たちは、「遊び」と「まじめ」の区別がつくまっとうな人たちである。遊びでやっていた「超能力や神秘の体験」が、自分の実生活にまで入り込んでくる、その怖さが分かってやめたのである。ヨガ教室から「オウム真理教」になって何が変わったかというと、たとえばお布施や、セミナーの参加料金など支出の額が一気に高騰したし、出家の制度ができて「人生のすべてをオウムに賭ける」という生き方が推奨された。そして信者は、自分の修行だけに没頭することは許されず、教団拡張のための布教活動にもかり出されるようになった。つまりオウムの信者たちに「遊び」が許されなくなったのである。人生の大部分をオウムに捧げるよう、強制されるようになってきた。多くの旧メンバーは、このような組織運営の変化に驚き、幸いにもオウムが凶悪集団として動き出す前に、脱出することができたのである。

その後新たに入ってきたメンバーの多くは、楽しい娯楽のためではなく、どうしようもない自分の今の状況をなんとか変えるためにやって来た人たちだった。まじめな動機を持つ、せっぱ詰まった人たちである。麻原がヨガ教室時代、頭の中に創りあげていたヴァーチャルな「お遊び空間」が、危機感にさいなまれた生真面目な人たちの手によって、そのまま現実化していく、そういう危うい状況が生まれてきた。

ヨガ教室時代が「遊びのサークル」ならば、それがオウム真理教に変わって、自分の生き方に悩んだ人たちが必死の思いで入ってくるようになった後の教団は、「生き甲斐のための組織」「生きる杖としての組織」である。ある集団が「遊びのサークル」から「生き甲斐のための組織」へと変容する時、活動の真剣さは格段に強くなる。メンバーの活動の動機が根本的に違うからである。「これしかない」と思い詰めた人は、全身全霊、他のことには脇目もふらず、全力で行動するようになる。「やめる時は死ぬ時だ」というギリギリの思いがあるから、ひたすら走り続けているその道を、途中で引き返すことができなくなるのである。決めた道をひたすら進むというこの姿勢は決して悪い事ではないが、もしその道が誤った道だった場合は、結果は悲惨だ。「オウム神仙の会」が「オウム真理教」に変わった一九八七年は、オウムが「生き甲斐のための組織」に変わり、メンバーの中心が「オウムに人生のすべてを賭ける人々」へとシフトしていく、その転換点であった。

事件当時、宗教学者や思想家を名乗る何人かの著名人が、麻原自身やオウム真理教を称賛して世の顰蹙を買ったが、彼らの過失は、この「お遊びサークル」と「生き甲斐のための組織」の違いが分からなかったことにある。「お遊びサークル」なら、どんな荒唐無稽なアイデアや非社会的な活動を提唱しても構わない。なぜならそれらは所詮、言葉の中の世界であり、なにを言ったところで実社会にそれがそのまま生み出される可能性のない絵空事だからである。ヨガの修行によって超能力が身に付くとか、世界最終戦争（ハルマゲドン）で世界を守るために活動するとか、悪いことをしでかしそうな人を慈悲の心で殺してあげるとか、大量無差別殺人によって国家転覆を狙うとか、そういった教義も「おしゃべりの次元」ならなにも問題ない。単なる子供の夢で終わる。

しかしオウム真理教は、その空想世界を、そのまま現実世界で実行していくことに生き甲斐を感じる人たちの集団になった。一九八七年からそうなったのである。麻原が絶対の独裁者となり、その頭の中にある妄想世界を現実化することが、信者たちの生き甲斐になる。そういう構造がこの年できあがった。

一九八八年になると、ダライラマなどチベット仏教の高僧と会見し、それを売りにして大々的に宣伝活動を始める。『生死を超える』などの啓蒙本を次々に出版して、オウム真理教の名前は急激に世に広まっていくこととなる。読者の中にはオウム真理教のことを覚えている方も大勢おられると思うが、大方の人がオウムの名を見聞きしたのは、この時期からである。

特殊な出家制度

オウムに出家の制度が登場した直後の一九八八年時点で、出家信者はすでに四、五百人に達したとされている。オウムの出家弟子というのは、人生のすべてをオウムに賭けようと考えて、全財産を教団に布施したうえで身ひとつになって飛び込んでいく正式メンバーのこと。後に多くの凶悪犯罪を実行していったのは、この出家弟子たちである。ここでオウムの出家制度について説明しておこう。それは仏教の出家と似ているようでいて実際には全く違うシステムになっている。

宗教法人になる前、ヨガ教室時代のオウムは、メンバーの誰もが同じ立場で、つまり一つのサークルに集う仲間として穏健に活動していた。出家だの在家だのといった区別はなく、皆が普通に暮らす中で、趣味の時間としてオウムに参加していたのである。しかしそれが、オウム真理教として宗教団体になった時点で、出家という制度が新たに導入されることとなった。仕事も家族もなにもかも捨てて、オウムの組織の中で全生活を送るという生き方である。普通の暮らしをしながら教団を支える「在家信者」とは違って、オウムにすべてを捧げる強固な信奉者たちである。

もちろん出家するというのは大変なことで、軽々しくできるものではない。まわりの状況や将来の行く末などを十分に考慮した上で、最後の決断として選び取る道だ。このことはオウム真理教も十分心得ていて、最初の頃は信者の自発的意志を尊重し、無理に出家を勧めるようなことはなかった。「心底、修行に専念したいと願う者のための特別なコース」として機能していたのである。しかしそれも、教団拡大の野望が膨らむにつれて自制のタガがはずれ、とにかくできるだけ多くの信者を出家させる、という方向に変化した。その一番の理由は資金の獲得である。オウム真理教は、出家という、本来ならば金銭とはなんの関係もない、精神性に基づく行為を、教団の維持拡大のための手段として巧妙に利用し始めたのである。

麻原が創出したオウム真理教独自の出家制度には、きわめて特殊な点が一つある。それは、出家に際して「すべての財産を教団に布施しなければならない」という規定である。仏教にはそんな規則はない。仏教の場合、出家する人が自分の財産をどう処理するかはその人が決めることであって、そこにサンガが口を出すことは決してない。「財産をすべて差し出さないと出家させてやらない」というのは麻原が考えた規則である。その内容は徹底している。出家して、オウム真理教で残りの人生を送りたいと願う志願者は、次のような書類の提出が義務づけられている。「布施リスト」「自己責任の誓約書」「遺言状」「履歴書」「戸籍謄本」「住民登録の転出届と転入手続きの代理人選任書」「国民年金保険料免除申請書」「年金手帳」「運転免許のコピー」「車の保険証」「印鑑証明」。

最初の「布施リスト」というのが問題で、ここには自分が布施できるすべての財物を書き込まねばならない。それはもう、本当にありとあらゆる所有物の提出が求められるのである。たとえば地下鉄サリン事件の実行犯として無期懲役の刑を受けた林郁夫は、もとは有能な心臓外科医であったが、出家にあたって妻と自分のすべての財産をオウムに布施している。「目黒に所有していたマンションを売った金を含めて八千万円近くの金と自動車二台など、すべての財産を布施としてオウムに納め、最後は使いかけのテレホンカードまで布施としました」（林郁夫『オウムと私』）。また、ヨガ教室以来の古い信者で、出家後は坂本弁護士一家を殺害し、サリン製造にも深く関わった早川紀代秀（死刑確定）が出家した時は、両親と一緒に買った家を手放し、設立したばかりの会社は丸ごと麻原名義にして布施し、妻と二人で築いてきた財産もすべて教団に供出している。

つまりオウム真理教の出家とは、信者から身ぐるみ剝いで教団が吸い上げるシステムなのである。人ひとりが蓄えているすべての財産を一瞬で吸い上げることができるなら、十人、百人と出家させれば一体いくらの収入になるか。この世で最も効率のよい商売であり、そして最もあくどい窃盗である。仏教の僧侶たちが世間に対してひたすら低姿勢になってお布施をもらうのに対し、オウム真理教は新たなメンバーの財産をすべて没収するという方法で、活動資金を入手していたのである。

もちろん財産を差し出す信者からすれば、自分の信仰心の表出として布施するわけだから、あくまで納得ずくの行為である。しかし本人は納得していても、残された人たちからすれば、「オウムが大切な家族を、財産ごと盗っていった」ということになる。吸い上げれば吸い上げるほど、社会からの反感は強まる。オウム真理教の独特な出家制度は、教団の資産を急激に増加させると同時に、世間との関係を急速に悪化させていったのである。

「殺人教団」への変貌

一九八七年に立ち上げられたオウム真理教は、翌八八年にはすでに有力な新宗教教団として世に知られるようになったが、実はその時点ですでに犯罪行為に手を染めていた。在家信者で真島照之さんという人がいたが、その真島さんが他の信者たちの無茶な指導のせいで死んでしまったため、その遺体を勝手に焼却し、灰は湖に捨てて知らん顔をしていたのである。この悪事は、ばれることなく、その後もずっと隠し通されていた。「教団」という外界から隔離された閉鎖空間にいれば、法律を超越した特別な存在としてどんな違法行為も許されるという、その後のオウムの思考パターンの出発点がここにある。

仏教サンガの場合、社会の人たちからお布施をもらうためには、日頃の自分たちの生活態度を見てもらって、「この人たちにならお布施をあげる価値がある」と納得してもらわねばならないから、サンガ内部は常に外界に対して開かれていた。サンガは「いつでも誰でも自由に入れる完全オープンな空間」だったのである。しかし、オウムは、布施だけではなく社会からの資財の強奪によって生計を立てる集団だったので、外部に自分たちの実態が漏れることを極端に嫌った。そのため、教団を閉鎖的な秘密空間にした。「外の人間にはなにも教えない」という方針をとったのである。この真島さんの事件も、そういったオウムの秘密主義が生んだ、当然の結果といえる。

そして次の年一九八九年から、オウム真理教は真の意味での「殺人教団」となる。オウムのやり方に疑問を持って脱会しようとした男性信者を監禁し殺害、さらには「被害者の会」の代表としてオウムを法律的に追及しようとしていた坂本堤弁護士の家に幹部たちが侵入し、坂本弁護士だけでなく、その家族（奥さんと一歳の幼子）を殺害。「邪魔になる者はどんどん殺せ」という「暴力の正当化」が定常化していったのである。麻原の妄想と、それを現実化する実行部隊のシステムが嚙み合って、「狂気の歯車」が本格点に回転し始めたということが言える。

「真理党」の選挙惨敗

一九九〇年、麻原はオウムの中心メンバーを引き連れて「真理党」という政治団体を結成し、総勢二十五人が衆議院総選挙に立候補する。結果は惨敗。最高得票者の麻原でさえ、得票数わずか一七八三票という哀れな状況で、一人も当選できなかった。私もこの時の選挙運動の様子はよく覚えている。麻原の顔を模したキテレツなお面をかぶって歌い踊る白装束の信者たちの様子は、真面目に国政を考える政治集団というイメージとは全くかけはなれた、まるで幼稚園のお遊戯のような情景であったが、恐ろしいのは、彼らがその時、きわめて真面目だったということである。

ふざけた気持ちでふざけたお遊びをするのなら危険性はない。終わってしまえばそれだけの話である。しかし彼らは真剣だった。麻原を初め、選挙運動に関わったオウムの信者たちは皆、選挙に勝って国政を担当し、尊師が脳裏に描く理想の世界をこの世に実現しようと真剣に願っていた。なんとも楽天的な考えだが、閉鎖的な状況の中で麻原の夢想世界を脳の奥深くまで刷り込まれていた信者たちにとっては、きわめて現実的な希望に思えたのである。

この、選挙での敗北は、オウムのその後の方向性を決定づけることになった。それまでは、麻原の描く理想の世界を、この世でひたすら現実化していくことが教団の目的であり、その目的は、自分たちが一生懸命身体を動かし、真面目に努力していけばいつか必ずかなう、という思いが信者たちの心にあった。選挙運動での彼らの異様なほど献身的な働きは、その表れである。真面目といってもそれは自分たちの勝手な倫理観に基づく真面目さであるから、外部社会からみれば、いびつで奇妙な活動に見えるが、それでも真面目にやれば世間も認めてくれるという、一種素直な思いがそこにはあった。選挙という、法に基づく公正な手段で世間と関わりを持とうとした態度にその思いが表れている。しかしそんな身勝手な真面目さは選挙惨敗という結果により一撃のもとに叩きつぶされた。いくら頑張っても、尊師麻原の思いは日本社会の中では許容されない、という事実が明確な数字として示された。これは麻原自身、そして真面目な気持ちで選挙活動を繰り広げたオウム信者たちに「いくら真面目にやっても、世間が妨害するせいで、夢は叶わない」という絶望と怨念の入り交じった気持ちを起こさせることになった。

負けると思わなかった選挙に負けたことで、殺人教団オウム真理教が、その憎しみの矛先を

「日本の社会全体」へと向けたのである。オウム真理教を取り巻く日本の社会は、自分たちの生き甲斐である理想世界の実現を意地悪く妨害する、悪の根源ということになってきた。したがってこのあとのオウムの活動の主眼は、その日本社会の転覆、中枢機能の破壊という方向に向かっていく。殺人教団は、ついに日本全体を敵とみなすテロリズム教団へと変身していくのである。

そして地下鉄サリン事件へ

選挙に負けたこの時点で、麻原は日本社会と戦争することを心に決めていた。弟子達に対して、「もうこの世はマハーヤーナでは救済できない。これからはヴァジラヤーナでいく」と語っていることからそれが分かる。マハーヤーナとは「大乗」、ヴァジラヤーナとは「金剛乗」というもので、本来はどちらも仏教の考え方を表す言葉だが、麻原独自の解釈によればマハーヤーナとは「慈悲の心をもって、世のすべての人を幸福な状態にすくい上げよう」と考える道。それはとても穏健な人助けの道である。一方、ヴァジラヤーナとは、「悪いことをしそうな人を救うために早めに殺してあげる」とか、「欲深い人に反省を促すため、その人の所有物を全部奪ってあげる」といった、世間的価値観を超える究極の善行だという。麻原は選挙に負けた時点で、「これからはヴァジラヤーナでいく」と言った。つまり翻訳すれば「みんな殺してやる」と言い出したのである。

そして麻原と、彼に洗脳された信者達は、日本社会との戦争に向けて着々と準備を進めていく。一九九〇年の選挙敗北から一九九五年の地下鉄サリン事件まで、オウム真理教が歩んだのは、まさに武装と戦闘の道であった。ロシアからヘリコプターを購入し、自動小銃千丁の製造計画を実行し、サリンなどの猛毒ガス兵器を大量生産し、教団から逃げようとする者は拉致したり殺したりして組織統一を図る。それは紛れもない一国の軍事統制である。オウムが犯した一九九〇年以降の主な凶悪犯罪は以下のとおり。

- 修行中に事故で死亡した越智直紀氏の遺体を秘密裏に処理。
- 教団を脱会しようとした落田耕太郎氏を殺害。実際の殺害は、一緒に逃亡しようとした仲間に命じて実行させた。
- 教団にとって都合の悪い存在であった滝本太郎弁護士を殺害する目的で車にサリンをかける。
- 長野県松本市でサリンを噴霧。八人死亡。五百人以上が負傷。
- いい加減な自白薬でスパイと決めつけられた信者の冨田俊男氏を、教団内で拷問した末に殺害。
- 禁じられた男女交際を行ったとして、信者の中村徹氏を五十度の湯に浸けて殺害。
- 出家寸前でオウムから逃げた信者一家をかくまっていた水野昇氏に猛毒のVXをかけ重傷を負わせる。
- 教団分裂を画策する公安のスパイではないかと疑って、在家信者の濱口忠仁氏にVXをかけ殺害。

・「オウム真理教被害者の会」会長の永岡弘行氏にＶＸをかけ重傷を負わせる。

・出家して全財産を布施するよう強制されていた自分の妹をかくまっていた假谷清志さんを拉致し、自白剤を投与しているあいだに死亡させる。

・地下鉄サリン事件。一九九五年三月二十日、信者たちが東京の地下鉄の五つの場所でほぼ同時にサリンを散布。閉鎖空間内に充満したサリンは、乗客や地下鉄職員に致命的な傷害を負わせ、死者十三人、負傷者六千三百人以上という恐るべきテロ事件になった。実行犯のほとんどは死刑判決を受けている。

その後も青酸ガス発生装置を駅のトイレに仕掛けたり、都庁に小包爆弾を送りつけるなど、挙げればいとまがない。それはみな、麻原を司令塔とする、教団信者の実行部隊によって行われたものである。

信者たちは、こういった行動を「信仰心」に駆られて次々と実行していったが最後には日本の国家権力と社会の圧力によって押しつぶされ、遂に牙を抜かれた。釈迦を尊敬し、その教えを自己の拠り所としていたはずの麻原が創り上げたオウム真理教の、これが行き着く先であった。現在もその末裔は存在しているが、世間の監視下に置かれ、かつての勢いはもうない。

人を不幸にする出家

オウム真理教事件を外からの眼で客観的に書けば以上のようになる。それはどこからどう見ても凶悪な犯罪の集積であり、世にも恐ろしい殺人集団が辿った破滅への道だ。もしこのオウムという集団が、最初から「世間の奴らをたぶらかして、自分たちだけがいい目をみよう」と考える邪悪な連中の集団であったのなら、問題はきわめて単純である。「オウムは悪だ」と断罪し、処罰し、批判すれば、皆の心はスッキリ爽やかに「一件落着」となる。たとえばオウム真理教が暴力団の一派であったとか、ネズミ講のプロが金儲けのためにつくった団体であったとか、そういう本質的に犯罪性を帯びた集団だったのなら、「悪い奴らが悪いことをした。そしてそんな奴らとはなんの関係もない善良な我々が、そういう悪い奴らを徹底的に非難するのは当たり前のことだ」というクリアーな理屈が成り立つ。それは一般社会の倫理観に沿った、きれいな納得方法である。

しかしオウム真理教は暴力団でもなければネズミ講でもない。誰もが知るとおり、そこに入信した信者の大多数は、もともとまじめで心優しく、人生を真剣に考える優等な人たちだった。麻原は別としても、はじめから悪人と呼べるような人は誰も入っていない。だからオウム事件は、私たちの心に、どうにも納得のいかない違和感を生み出す。「悪い人たちが良い人たちを殺した」のではなく、「良い人たちが良い人たちを殺した」といったイメージなのである。もちろん「良い人たち」とはいっても、オウムのためなら法律を平気で破るという意味では悪い人なのだが、他者を踏みつけにしてでも自分の欲望を叶えたいといった自己中心の思いで行動しているわけではない、という意味では「良い人」なのである。おそらくオウムの集団の中で、そういう自己中心の思いを持っていたのは麻原彰晃や周辺の幹部連中だけであって、一般信者の心には暴力的な企みなどなかったはずだ。麻原という一個人の心の中にある並はずれた欲望が、多数の信者を操縦し、世に苦しみをばらまく、そんな構造である。そしてそれが、釈迦の教えを基にして設立された教団によって実行されたのである。

「人を不幸にする出家」の代表格がオウム真理教だと言った。もしオウムが、設立当初から悪質な宗教団体で、強欲な悪人たちの巣窟だったのならまだましだ。そういった悪辣な組織に我々が自ら進んで関与することはまずあり得ないし、ましてやそこに入会し、進んで不幸になるということもないからだ。しかしオウム事件が深刻なのは、それがもともと、人に生き甲斐を与える組織として生まれてきて、しかも殺人教団に変貌するまでは、本当にそういう良い組織として機能していたという点にある。善良に生きている人でも条件が重なればいつの間にか殺人犯として死刑囚になっている、そういう恐るべき危険性がごく身近にあるという事実をオウム事件は我々に実感させた。良い人を良い人のまま不幸のどん底に突き落とすという点で、オウム真理教の出家は正真正銘の「人を不幸にする出家」だったのである。

オウム事件の真の犯人は言うまでもなく麻原彰晃本人である。彼の立場は、先の仏教の三宝で言うなら一番目の「仏」にあたる。教団の創始者として麻原は、あたかも釈迦が弟子達から敬愛されたように、多くの信者たちから絶大な信頼を得ていた。しかしその心中にあったのは、釈迦のように「できるだけ多くの人に安楽の道を教えたい」という慈悲の思いではなく、「洗脳した信者たちを自在に利用して、自分が頂点にいて君臨することのできる理想の世界を創りたい」という利己的欲望だった。それがオウム真理教の「仏」の本性である。そしてその麻原の説く教えが、オウム真理教の「法」だ。その法は、麻原の心の底の欲望をそのまま表に表したものではない。あくまで、人を自在に利用するための手段として、飾り付けられた言葉であった。「仏」が利己的欲望の権化であったこと、そして「法」がその利己的欲望を叶えるための手段として用いられたこと、これらはオウム真理教の本質的問題であろう。

しかし、本書で特に検討したいのは、そういった利己的欲望のエネルギーをたやすく現実化してしまう、教団の運営システム、つまり「僧の脆弱性」である。自分たちの組織を強固に安定的に運営していくための智慧がオウム真理教には根本的に欠けていたということだ。いくら麻原が欲深い人物で、言葉巧みに信者の心をつかんだとしても、運営システムにある程度の抑止力があれば、凶悪犯罪へのなだれのような崩れ落ちは防げたはずだ。法律なき出家集団が独裁的な夢想家をリーダーとして持った時、どれほど恐ろしい事が起きるか、オウム事件は我々にその最悪の答えを教えてくれたのである。

以上、オウム真理教事件の概要と、オウムが含んでいた本質的問題点について簡単に語った。

次の章からは出家集団の具体的な運営方法について、オウムとの関連性にも触れながら、テーマ別に細かく考察していくことにする。

第五章　生き甲斐の見つけ方

ここからは、出家組織の姿を具体的な側面から見ていくことにする。話を分かりやすくするため、一人の人間のストーリーとして描いてみよう。古代インドで生まれた私（佐々木閑：仮名）が、ある日決意して僧侶となり、サンガの中で修行生活を送りながら次第に立派に（?）なっていく物語である。それはまた、人が科学者や政治家を目指して出家する姿にも通じていく。まずは仏教に焦点を絞ってその具体像を描写し、折に触れて他の出家との関連性についても見ていくことにする。

仏教との出会い

インドに生まれた「私」が、仏教と出会って出家するまでの仮りの物語である。

古代インドの普通の家に生まれて普通の教育を受けた私は、まわりの大人たちから「大きくなったらお父さんの仕事を継いで、立派に家を盛り立てていくんですよ」などと言われながら成長していく。そのままいけば常識的な人間として大人になり、家業に励んで家族もつくり、平穏に一生を終えるはずだった。ところがそんな私の価値観に少しずつ変化が生じてくる。「このまま世俗の流れに身を任せて一生を送る。それで満足できるのだろうか。私が本当に望む生き方は、別のところにあるのではないだろうか」という問いが湧きだしてくるのである。そうなる原因はいろいろある。たとえば肉親の死に遭遇してショックを受けたとか、世間の汚い側面を目にして嫌悪感を感じたとか、私自身の感受性が強くて世俗生活の不合理なきまり事に耐えられないとか、あるいは世俗の決められたコースに従って生きることへの反発とか、状況は様々だ。ともかく、世間的な幸福だけを求めて生きていくことが苦しいと感じ、生きるための真の拠り所を探して思い悩む日が続くようになるのである。

そのころのインドには仏教以外にも無数の宗教が活動していて、それぞれが独自の「生き方」を主張し、人々に説き広めていた。真の拠り所を求める私は、そういった様々な宗教を尋ね歩き、自分の悩みを受け止めてくれる、自分にとって一番有効な教えはどれか、確かめようと考える。現代のように、放っておいても情報が流れ込んでくる時代ではない。自分が生き続けていくための杖となる宗教はどこにあるのか、それを見つけるためには自分の方から積極的に探してまわらねばならない。まずは情報収集が必要だが、そのために最も都合がよいのは満月と新月の日である。この日になると、多くの宗教家たちが森の中や郊外の空き地で自分の教えを聴衆に向かって延々何時間も説法する習慣があったからである。当時のインドで満月や新月の日は、言ってみれば「宗教の日」だったのである。そこで私はそういった日に森へ出かけていって、そこここで説法しているいろいろな宗教家の話を聞いてみる。気に入らなければ立ち去って、別の人のところに行く。そうやって聞き回っているうちに、釈迦という人が説いた「仏の教え」、つまり仏教こそが自分の生き方として最適だと確信するようになる。もし私が釈迦と同時代に生まれていて、しかもたまたま釈迦の近くに居合わせたなら、お釈迦様本人から教えを聞くこともあり得たであろうが、それは特別幸運な場合。普通は、釈迦の教えに従って出家した一般僧侶から話を聞くことになる。そしてその言葉に感心して、「私も仏教を拠り所にして生きていきたい」と感じるようになる。仏教との出会いである。

これは、個人が自己の選択として宗教を選び取る場合の典型的なパターンである。親子代々信者の家系に生まれたとか、一つの宗教だけで固まった閉鎖社会で育ったとか、そういう生まれついての否応なしの押しつけではなく、自分が悩んで、自分で探し歩いて、自分で選び取る。釈迦の仏教が世に現れたのは、まさにそういった「宗教との出会い」によって人々が個別に、拠り所としての宗教を見つけ出していく時代だった。言ってみれば、新宗教の発展期である。それは現代の我々が置かれた状況とよく似ている。形骸化した既成宗教に身をまかすことのできない人々が、「なにか新しくてパワフルな宗教はないだろうか」と探し回る、そういう時代である。だからこそ、釈迦の時代の仏教を知ることは、人がそれぞれに生き甲斐を見つけ出していかねばならない現代社会のあり方を考えるうえで貴重なモデルケースになるのである。

「私」が釈迦の教えに惹かれていくのと同様に、オウム真理教を信頼した人たちもまた、一人ひとりが悩み迷った末、「これだ」と心に決めて、麻原のもとに集まっていった。私が釈迦に惹かれるのと、気持ちはなにも変わらない。だからこういったかたちで宗教に惹かれる気持ちそのものを否定することは決してできない。問題は、惹かれて入ったその教団の、裏側に隠された内実を的確に見抜く目があるかないか、その一点である。高尚な教えにばかり目が行って、その教えを説く人が、どういう仕組みで教団を運営しているのか、集めた信者をどう扱おうとしているのか、教団と社会との関係をどう設定しているのか、そういった現実の在りようを見ようとしない、それがオウムで不幸を招いた人々の最大の過失だった。したがって、「私」が今、古代インド世界で仏教信者になろうとしているこのシーンでは、まだ私にはなんの責任もない。もし仮に釈迦の仏教サンガが、裏で大量殺人を繰り返す極悪教団であったとしても、この時点でそれを見抜くのは不可能である。釈迦の良き教えに導かれて、「この宗教を頼りにして生きていきたい」と願う私の姿は、真の生き甲斐を求めるごく普通の社会人の、純朴な思いの表出そのものである。そんな私が、自分で選んだ宗教組織に実際入ってみて、真の生き甲斐を手に入れることができるのか、それとも恐るべき不幸の淵に投げ出されるのか、それが決まるのはまだ先の話である。では「私」の出家話、さらに先へと進んでいこう。

在家と出家

いろいろな宗教家の教えを聞き回った末、ついに仏教と巡り会った私は、その教えを信頼しようと考える。そこでこれから先行きの事を、その場で説法しているお坊さんに相談してみる。「私はこれこれこういった心の悩みを持っており、なんとかその苦しみを消し去りたいと願っております。どうしたらよいでしょう」。

　するとその僧侶はこんな風に答える。

「私たちの大先生はお釈迦様という方で、悟りを開いて仏陀となられました。その教えの根本は『すべてのものは原因と結果の関係で動いている。不思議な力で私たちをすくいあげてくれる絶対者というものはどこにもいない。そういう世界の中で我々は修行し、自己を向上させていかねばならない。それが苦しみを消し去る唯一の道だ』というものです。そしてこの道を進むには二つの方向があります。一つは今の生活をそのまま続けながら、日々正しい生き方を心がけて暮らす在家信者の道。もう一つは、俗世の生活を一切捨てて僧侶となり、専門の修行に明け暮れる出家者の道です。どちらを選ぶかはあなたの自由。とりあえず、在家信者の道から説明しましょう。在家信者の場合は、毎日の暮らしの中で余裕を見てお説法を聞いたり瞑想したりしながら、少しずつ自分を向上させていきます。劇的な効果は期待できないし、最後の悟りにまでは到達できないかもしれませんが、それでも日々確実に自分を高めているという充足感は得られます。

　ただその際、二つの事を守っていただきたい。一つはサンガへのお布施です。出家した僧侶というものは一切の仕事を離れて修行に打ち込んでいるため、生きる術がありません。それを皆さんの力で支えていただきたい。食品でも日用品でも、あるいはお寺の建物、設備備品にいたるまで、どんなものでもいいのです。お布施をすればその効力により、皆さん自身にも大きな果報があるはずです。お布施は仏教を支える唯一の基盤です。それをお願いします。それからもう一つは、仏教信者として、しっかり規律を守ること。その規律のことを戒といいます。在家信者が守るべき戒は五つあります（五戒）。〈生き物を殺さない〉〈ものを盗まない〉〈浮気をしない〉〈嘘をつかない〉〈酒を飲まない〉、この五つです。別に破ったからといって処罰されるわけではありませんが、してはならないことをすれば自己が堕落し、将来の苦悩を生み出します。この五項目をいつも念頭において、お釈迦様の教えにしたがった生活を送る。これが在家信者の生き方です。

一方、出家者の道は、これよりずっと厳しいものです。今の暮らしを全て放棄し、家族生活も捨て、身一つでサンガに入ります。人からもらうお布施で命を繋ぎながら、朝から晩まで一生涯、修行に専心して生きるのです。一般の人から見ればつらくて苦しい生き方にも思えますが、老、病、死という人生最大の苦悩からあなたを解放してくれる、真の幸福へと向かう唯一の道です。私もそういった道を歩む人間の一人ですが、今の出家生活は、私にとって掛け替えのない、有り難くて楽しい道です。もしあなたが、どうしようもない苦しみでがんじがらめになっているなら、思い切って出家するのも一つの選択肢でしょう」

こういう説明を受けて、大方の人は在家信者の道を選ぶ。よほど強い決意のある人でないと、今の生活を根底からひっくり返して出家することなどできないからである。仏教では、そういう在家信者のことを、男性なら優婆塞《うばそく》、女性なら優婆夷《うばい》と呼ぶ。もし仮に私がこの時点で優婆塞になる道を選択したとすると、あとの手続きはとても簡単である。その僧侶の前で、「優婆塞になるという宣言の言葉」を申し述べ、そして「五戒を守ります」と誓えば、それでおしまいである。その「優婆塞になる宣言の言葉」というのは具体的には、「仏と法と僧に帰依します」と言って、三宝への帰依を誓う「三帰依」である。これで私は仏教の在家信者、つまり優婆塞になった。生活は今までとなにも変わらないが、誓いを立てたことで、仏教で生きるという自覚が生まれる。毎日、仏教の僧侶が托鉢に来れば心を込めてご飯を鉢の中に入れてあげる。時間に余裕があればお寺へ出かけていって説法を聞く。月に数日ある精進日（これを布薩日という）には、八斎戒《はっさいかい》という特別厳しい戒を守って、普段よりも清潔な暮らしをする。年に数回は、蓄えの中から幾分かのお金を出してきていろいろな品物を買い、サンガに布施する。そういった生活の中に生き甲斐を見いだし、苦悩を緩和しながら一生を過ごしていく。これが在家信者になった場合の道である。

出家という究極の選択をしなくても、在家信者になればある程度の心の平安は得られる。常に僧侶から教えを聞き、自分でもあれこれ工夫しながら心を磨き、そしてサンガを物質面で支えるという「善行」に対する将来の果報を期待しながら、一生を過ごすことができる。もし私がこれで満足できるなら、出家などする必要はない。世俗の幸福と仏教的安らぎを、バランスをとって両方享受することは十分可能なのである。

出家の手続き

しかし、俗世からの脱出願望が強く、在家信者の道では我慢できない人たちも大勢いる。オウム真理教で多くの人が出家信者になったことから見ても分かるように、そういう脱出願望を持つ人は今の世にも多い。まして生活に苦労の多い古代インド世界である。出家を望む人の数は想像以上に多かったに違いない。世間的生活の一切を放棄して出家し、修行の道一筋に進みたいと望むそういった人たちこそが、サンガの担い手になるのである。では仏教で出家するにはどうすればよいのか。先のお坊さんの説明を聞いて、私が「在家信者ではだめだ。どうしても出家して、心身まるごと釈迦の道に飛び込んでいきたい」と思ったとすると、その後の手続きは全く違ってくる。たとえばそのお坊さんに「私は出家の道を進みたいのですが、その場合にはどうしたらよいのでしょう」と尋ねたとすると、彼は次のように説明してくれるはずである。

「出家する場合、年齢が問題となります。基準は二十歳です。もしあなたが二十歳に達していない場合は、正式なメンバー、つまり比丘にはなれません。比丘の修行生活はかなり禁欲的で厳しいので、精神的に成熟してからでないと耐えられないからです。二十歳前でも、サンガに入って僧侶の姿で暮らすことはできますが、それはあくまで見習いであって、正式なメンバーとしては扱われません。その見習い僧侶のことを沙弥《しゃみ》と呼びます。沙弥は、二十歳になった時点でサンガの資格審査を受け、それを通過した時、比丘になることができます。つまり二十歳までは沙弥で、二十歳になったら比丘に昇格できるということです。その、比丘になるための資格審査の儀式を受戒といいます。女性の場合はもうちょっと複雑で、十八歳までが沙弥尼《しゃみに》と呼ばれる女性見習い僧侶で、十八歳から二十歳の二年間は式叉摩那《しきしゃまな》という別の上級見習いになり、それが二十歳になったら受戒儀式を受けて比丘尼になるのです。つまり式叉摩那の分だけ資格審査が一ステップ多くなっているのです。あなたは男性ですから沙弥から比丘というコースを進むことになります。

もしあなたがすでに二十歳を越えているなら、すぐに比丘になることも可能です。ただしその場合も、受戒儀式は絶対に必要です。どんな人であっても、受戒儀式を受けずに比丘や比丘尼になることはできないのです。もし二十歳を過ぎていても、まだ比丘になるには素養が足りない、と判断されたなら、許可がおりるまでは沙弥のままで、さらに修練を続けなければならないということです」

「では、沙弥になって、そこからさらに比丘になるための手続きを一通り教えて下さい」

「分かりました。人が沙弥になるためにはまずどうしても、身元引受人の僧侶を一人、決めておかねばなりません。あなたは今までの家族関係を捨てて、身ひとつでサンガに入ってくるのですが、サンガにはサンガ独自の生活方法がありますからそれをしっかり身につけなければなりません。勝手気ままに暮らせるわけではないのです。ですからそういった基本事項を教えてくれる指導者が絶対必要です。その役を引き受けてくれるのが、その身元引受人なのです。その人のことを和尚《おしょう》と呼びます。和尚のいない人は、サンガで暮らすことができません。ですからあなたが沙弥になるためにまずしなければならないことは、自分の和尚を見つけることです。これはどういう方法でも構いません。サンガの中で『これは』と思う僧侶がいれば直接頼みに行ってもいいし、人づてに探してもらってもいいし、とにかくなんらかの形で自分の和尚を決めて下さい。

和尚が決まったら、髪と髭を剃り、仏教で決められた黄色い衣、つまり袈裟《けさ》を身にまとい、托鉢用の鉢を持って和尚の前に行きます。そしてそこで『私をあなたの沙弥にしてください』と声に出して唱えます。相手の和尚がそれを承認した段階で、あなたは沙弥です。この段階であなたは出家したことになるのです」

「その袈裟や鉢はどうやって用意するのですか」

「それは自分で用意して下さい。作り方が決まっているので町のお店で相談するのがよいでしょう。たとえば鉢の場合なら、鉄製か陶製と決まっているのでそれ以外の材料、たとえば木製の鉢を用意しても許可されません。もしどうしても自分で用意できない場合は、サンガに余分があればあげましょう」

「なぜ鉢は鉄製か陶製なのですか」

「木製の鉢は仏教以外の宗教家たちが使っているので、それと区別して自分たちが仏教徒であることを示すために敢えて鉄や陶器のものを使うのです」

師弟関係

「さてこうして沙弥になったら、あなたはもう出家修行者の準メンバーなのですから、サンガの中で寝起きすることになります。毎日、和尚のそばにいて生活のあらゆる面でお世話をしなければなりません。朝起きた時の洗顔の用意から、掃除や荷物持ち、夜寝る時のベッドメイキングまで万端こなさねばなりません。決して楽な身分ではありませんよ。そのかわり、和尚はあなたにサンガ生活のすべてを教えてくれます。日々の行動だけでなく、お経や修行方法のノウハウも細かく指導してくれます。和尚の言うことを聞いて毎日まじめに暮らしていれば、自然に出家者の生き方が身についてきます。そして二十歳になれば一人前の比丘になることができるのです」

「沙弥が比丘に昇格するのは大変ですか」

「いえ、それほどのことはありません。十人以上の先輩比丘が一ヵ所に集まって受戒儀式を開きます。あなたはその人たちの前で、比丘になるための要件をすべて満たしているかどうか審査を受けます。その審査をクリアーして、皆が承認してくれれば、それで儀式は完了です。その日からあなたは比丘になるのです」

「沙弥と比丘では生活に違いがありますか」

「もちろんです。生活の厳しさが違います。沙弥の場合は十項目程度の大まかな規則を守って暮らせば十分です。言ってみれば、五戒を守って暮らす優婆塞生活の延長のようなものです。あとの細かい決まりは、和尚の指示に従えばよいのです。そういう意味で沙弥というのは、雑用は一杯ありますが、気楽な身分とも言えるでしょう。サンガの正式メンバーではないからこそ、そういった生活が許されるのです。しかしこれが比丘になると大変です。人は比丘になってはじめて、律という特殊な法律を守ることになります。そこには禁止事項が二百以上あって、それをすべて頭に入れたうえで、犯すことがないよう慎重に暮らさねばなりません。さらには数え切れないほどの日々の決まり事があって、それもしっかり守ります。比丘になってはじめて、人は本当の出家生活を体験することになるのです」

「比丘になった後、和尚との師弟関係はどうなりますか」

「比丘になったあともずっと続きます。和尚というのは言ってみれば実の親のようなもので、一旦親子関係ができたら、それは二度と切れることがありません。『私の和尚になってください』『分かりました』と言ったその瞬間から始まる師弟関係は、和尚か弟子のどちらかが死ぬまで続きます。ですから沙弥が比丘になったあとも、その人の和尚はずっと和尚なのです。たとえば私など、比丘になって随分たつベテランですが、今でも和尚の前に行けば、息子が父を崇めるように敬礼し、生活のお世話をします」

「一人の和尚に大勢の弟子がつく、ということは可能ですか」

「はい、今言ったように、和尚と弟子の関係は親と子の関係と同じです。一人の親に沢山の子がいるのと同様に、一人の和尚が沢山の弟子を持つということは十分あり得ます。その弟子たちは皆同じ人を和尚として一緒に育っていくわけですから兄弟弟子ということになります。徳のある立派なお坊さんはみんなから慕われますから、そういう人にはたいてい大勢の弟子がつくことになります」

「和尚様の言うことは絶対ですか。命令されたらなんでも言うことを聞かねばならないのですか」

「いいえ、それは違います。これは大切な事ですからよく覚えておいてください。和尚は確かに身元引受人として、そして仏教の教育者として弟子に対して強い権限を持っていますが、その権力は絶対ではありません。和尚が命じたことだから絶対に守らねばならないというわけではないのです。和尚の命じたことが、仏教の規則に沿った正しい行為である場合には弟子はそれに従わねばなりませんが、もしそれが誤った行いなら、決してその言葉に乗ってはなりません。そういう場合は、逆に和尚を諭して、悪の道から引っ張り出すのが弟子の務めとされています。仏教の教育制度は、あくまで一人ひとりのメンバーができるだけ効率よく修行生活を送ることを目的として定められたものです。ですから、和尚も弟子も、サンガのメンバーとしては全く同等の人格を認められていて、違いは単に経験のあるなしという点だけなのです。上の人が下の人を、権威的にこき使うといったことは本質的に認められていないのです」

「分かりました。ところで沙弥というのは一人前の比丘になるための見習い期間ですね。しかしそれなら、二十歳を越えている人が寺にやって来て出家して、そのまま比丘になった場合はどうなるのですか。なにも見習いとしての指導を受けずにそのまま比丘になるのですか」

「いいえ、そうではありません。確かに二十歳を越えた人がサンガにやって来て比丘になりたいと申し出た場合、条件をクリアーしているなら即刻比丘になることも可能です。しかしその場合も、一人前の比丘になるための基礎教育というものはやはり絶対に必要です。そこで律は、次のように定めています。『沙弥でいる間は常に和尚から教育を受け続けねばならないし、比丘になった後も、最低五年間は和尚からの教育を受ける義務がある』。ですから今の場合、二十歳を越えた人が直接比丘になった場合も、五年間は和尚のもとであれこれお仕えしながら、手取り足取り、出家生活の万端を教えてもらうことになります。

仏教というのは、お釈迦様の教えを学んで実践する宗教です。ですから先輩から後輩へと、釈迦の教えが正しく伝わらないと意味がありません。そのためサンガの中にはとても緻密な教育システムが整備されているのです。教育こそが仏教の要なのです」

「もしその教育期間の途中で和尚が亡くなってしまったらどうしますか。さっきあなた様は、和尚と弟子の関係は親子のようなものだとおっしゃいましたが、子がまだ一人前になる前に親が死んでしまうようなものですから、その後はどうなるのですか」

「はい、和尚というのはさっき言ったように実の親のようなもので、弟子にとってはこの世でたった一人の存在です。その和尚が亡くなってしまったら、代わりはおりません。しかしそうなると教育を受けることができなくなります。そこでその場合には、和尚の代わりに教育してくれる別の僧侶につきます。そういう、和尚とは別の教育担当者のことを阿闍梨《あじゃり》と呼びます。教育期間中に和尚が亡くなってしまったら、誰か別の僧侶にお願いして阿闍梨になってもらい、その下で残りの教育を受けることになるのです」

出入り自由

「出家してサンガに入るまえにあらかじめ学んでおかねばならないことはありますか」

「いえ、特別なことはなにもありません。もちろんお経の文句や仏教哲学を知っていれば多少は便利なこともあるでしょうが、すべては出家してからの話です。ともかくサンガの中で暮らしてみて、その生活があなたの理想に合っているかどうか確認しながら少しずつ歩んでいって下さい」

「もし仏教の修行生活が自分に合わないと思ったらどうすればいいのですか。途中で出家生活をやめることは可能ですか」

「もちろんです。仏教は組織拡大を目指す宗教ではありません。あくまでその目的は、メンバー一人ひとりの心の平安の実現にあります。ですから、やめたがっているメンバーを無理に引き留めて組織維持を図るようなことは考えません。出家してはみたものの、どうもそれが自分の思いにそぐわないと感じたら、おやめになればいいのです。つまり還俗《げんぞく》ですね。還俗の方法はとても簡単です。誰か他の人の前で『私は比丘をやめます』とか『仏・法・僧に帰依しません』といった言葉を唱えれば、それでもう手続きは終わりです」

「やめた人にペナルティーはありますか」

「とんでもない。やめた人はもうサンガのメンバーではないのですから、その人に対してサンガがなにか権力を行使する権利などありません。仏教サンガというのは社会からのお布施に頼って生きる弱い組織です。外部に対しては常に頭を下げてお願いをする、そういう姿勢でなければ続きません。そんな集団が、メンバーでなくなった一般人にペナルティーを課すことなどできるはずがありません」

「細かいことを聞きますが、一旦還俗してやめた人が、心変わりをしてもう一度出家させてほしいと言ってきたらどうしますか」

「何度でも出家することが可能です。人はそれぞれの事情でいろんな生き方をします。出家と還俗を何度も繰り返すうちに次第に心が向上していく人もいるでしょう。一度決めたことは絶対変更できない、などと考えるのは不合理です。ただし、仏教とそれ以外の宗教との間を頻繁に行き来する人は困ります。こういう宗教的に不安定な人がサンガの中に混じっていると、他のメンバーの気持ちにも悪影響をおよぼしてサンガ全体の熱意が損なわれます。ですから他の宗教との間を二回以上行き来した人に関しては、受戒を拒否します。比丘になることはできないのです」

財産と家族

「最後に一番大切なことを一つ。私は今、若干の個人財産を持っています。家や田畑もあります。出家して身一つでサンガに入るとして、その財産はどう処分すればよいのでしょうか。全部サンガに寄付するのですか」

「いいえ、サンガは、出家する人の財産に関しては一切関知しません。あなたのお好きなようになさったらいいでしょう。家族がおられるのなら、その家族に贈与なされればいいし、あるいは世の中の困っている人たちにあげてもいいし、もしサンガに布施したいと思われるのならそれも構いません。その場合は、我々僧侶は直接金銭を扱うことができないので、寺の管理を引き受けてくれている在家信者にお預け下さい。彼がそれをサンガ全体の利益のために上手に運用してくれるはずです。それから、こんな方法もあります。どなたか信用のできる人、たとえば家族とかお友達にその財産を預けて、保管しておいてもらうのです。そしてあなたが出家して僧侶になったあとで、なにか必要な品物があった場合、その人に頼んで買ってきてもらって、それをお布施という形であなたが受け取るのです。もちろん贅沢品や不必要な品物を頼んではいけませんが、日用品ならばこういう方法で手に入れることが許されます。つまり、出家前の財産を残しておいて、僧侶になったあとの修行生活をスムーズに進めるためのお小遣いとして使うのです。このように財産の処分方法はいろいろあります。それらを適当に組み合わせて、あなたの好きな形で処分してください」

「他に注意事項はありますか」

「一つお聞きしますが、あなたのご両親は健在ですか」

「はい、父母ともに達者でおります」

「でしたら受戒して比丘になる際に、必ずご両親の許可が必要です。親の許しがないのに、人を比丘や比丘尼にすることはできない、と律で定められているからです。親というものは、子供の未来に大きな夢を持っているもので『ゆくゆくは立派な社会人になって家を継いでもらいたい』というのが当然の思いです。それを裏切って、『これからは家も財産も捨てて別の世界で暮らします』というのですから、出家というのはある意味、大変な親不孝なのです。もちろん、出家する本人からすれば死ぬか生きるかの選択であって、『このまま俗世で生きていくことはできない。死んでしまうしかない』と考えている人が、死ぬかわりに選択するのが出家という行為なのですから、それは大変深刻な話なのですが、まわりの親や家族から見ると『なんでそんな馬鹿なことをする。普通に暮らしていけばいいじゃないか』といった程度にしか思ってもらえない。そこが出家のつらいところです。子供の出家を望まない親は沢山いるのですから、サンガがその親の思いを無視して子供を勝手に出家させたとすると、親とサンガは敵同士ということになります。それは、社会からの好意で生きているサンガにとっては決してあってはならない事。サンガが長く平穏に続いていくためには、決して社会を敵にまわすようなことがあってはなりません。ですから、受戒によって人を比丘や比丘尼にする際には、必ず前もって親の許可をもらっておかねばならないのです」

「そういうことですか。その親の許可というのは、何歳までの人に対して必要とされるのですか。まさか四十、五十にもなる大人が受戒する時にまで、親の許可がいるわけではないでしょう」

「いえ、いるのです。何歳になろうが、親が生きている限りは必ず許可がいります。六十歳で比丘になろうとしている人に八十歳の親がいれば、その八十の親がウンと言わない限り、その人は受戒できない、そういう決まりになっているのです」

「両親が二人とも亡くなっていたらどうなりますか」

「その場合は、子供の出家を悲しむ人がいないのですから、誰の許可もいりません。自由に受戒できます」

「なるほど。仏教のサンガというものは、いつも社会との関係性に気を遣いながら運営されているのですね」

「そうです。サンガがこの世に存在する目的は、仏道修行という人生の生き甲斐を、誰にも邪魔されることなく思う存分にやり続けること、この一点にあります。そのために仕事もやめて無職の身になるのです。そんな私たちを養ってくれるのは世間の人たちの好意です。世間からのお布施なくして、修行生活を続けていくことなど不可能です。社会は私たちの唯一の命綱なのです。ですから、私たちを見る社会の目にいつも気を配るのは当然のこと。社会との関係を良好に保つことは仏教サンガに課せられた必須の条件です。私たちが用いている律という特別な法律も、そういったサンガと社会とのスムーズな関係を確実に保っていくために作られたのです」

人がサンガで出家するとなにがどう変わるのか、大まかではあるが理解していただけたものと思う。このような説明を聞いていると、「サンガというのは大変クリーンで、理想的な組織のように見えるが、あまりにも立派すぎて逆に怪しい感じがする。こんな言葉で人を引っ張り込んでおいて、裏ではずるいこともしていたのではないか」という感想が湧いてくるかもしれない。しかし私がここで言った説明内容は、すべて律の中で規定されていることばかりである。二五〇〇年近く続いているサンガの法律が厳格に決めているのである。したがって、仏教サンガは本当に、このようなシステムで延々と運営されてきた。小狡い考えで人集めや金集めをしようなどという料簡ならば、それが何千年も続くはずはない（それをやったのがオウムである）。釈迦が創生したサンガという組織は、今の我々から見れば桁外れに清潔なかたちで続いてきた。そこに違和感を感じるとすれば、それは現代の俗悪な組織の在り方に余りにも慣れすぎた我々の側に責任がある。

とは言っても上の説明は、あくまでサンガが立派な人たちの集団であった場合の話。出家集団とはいえ、中のメンバーは玉石混淆であるから、ズルをする人、嘘をつく人、不誠実な人も混ざっている。せっかく出家したのに、和尚が不真面目でちっとも教育してくれないとか、お布施をたくさんもらうために信者のご機嫌取りばかりしていてまじめに修行しないとか、いろいろ問題のある人も沢山いたようで、そういった話も律の中に記されている。必ずしもサンガは理想どおりに清く美しく保たれてきたわけではない。しかしそれでも、そういった個々のトラブルを知恵をしぼってなんとかしのぎながら、建て前としての理念は決して捨てず、律に基づく法治主義によって頑固に本筋を貫いてきた、その基本姿勢は清らかである。それが、二五〇〇年続く組織の本領といえよう。

オウムとの比較

いままで語ってきた「出家に至る道筋」を、オウム真理教の場合と比較してみよう。

オウムも、仏教と同じように在家、出家という二種類の修行コースを設定していた。仏教がモデルになっていることは言うまでもない。その内、在家コースの方は仏教とほとんど変わらない。信者たちは麻原が説く教えを聞き、そこそこの禁欲的生活を送り、そして事あるごとに教団にお布施をする。もちろん金銭欲の強いオウム教団であるから、在家信者にかかってくるお布施のプレッシャーは古代インドの仏教に比べれば桁違いに強い。釈迦の仏教の場合、教団の方からあれこれ無闇に要求することは律の規則によって禁じられていたから、「じっと待って、いただけるだけのものをいただいたらそれで満足する」という姿勢が厳守されていたが、オウムは在家信者に対して果てしなく布施を迫った。律に相当する法体系がなにもなく、すべての行動が麻原の胸ひとつで決まっていくというオウムの特質のひとつの現れである。

しかしそれでも、在家世界に身を置いている限り、一般人としての生活の自由まで奪われることはない。しつこいお布施の強要だけなら、オウム以外の多くの宗教団体にもみられる行為であるから、ある程度は想定範囲内である。しかしそれが出家コースになると話が違ってくる。出家してしまえば、世俗を離れた教団人として人生すべてを組織にゆだねることになるから、後戻りができなくなる。運命共同体の一員として組み込まれた以上、組織に背いて勝手な判断で行動することがきわめて困難になる。他に行き場所がないのだから、あとは組織の言うがままである。

「還俗の自由」の重要性

特にここで注目すべきは、オウムの場合、仏教サンガと違って、一旦出家した信者が後で心変わりして還俗することを許さなかったという点である。まるで闇社会の秘密結社のように、一度組織のメンバーになったらもう決して足抜けは許さない、麻原はそういう姿勢で出家信者たちを統率した。理由は二つ。その一。出家信者は麻原にとっての「家来」であり「兵隊」だったから、その独裁組織を維持していくためには全員の意思統一が必要となる。徹底的な洗脳によってすべてのメンバーをロボットに仕立て上げ、自分の妄想世界の実現のために利用する、そういう状況を作り出すためには、逃走者の出現はきわめて都合が悪い。統制を乱す者を厳しく処分しておかねば、組織が土台から崩れてしまう。軍隊が逃亡兵を厳しくとりしまるのと同じ理屈である。

そしてもう一つの理由。それはお布施の強奪に関係がある。オウムは仏教と違って信者からお布施をむしり取った。特に出家信者の場合、出家と引き替えに全財産の供出を義務づけていたことはすでに述べたとおりである。出家という通過儀礼により、信者本人の身体と、その信者が持つ財産の両方を奪い取り、信者本人は洗脳してロボットとしてこき使い、財産は教団の資産としてふところに入れる。それがオウム式出家の意味である。したがって、一旦出家した信者を再び社会に戻すとなると、この奪い取った財産の扱いが面倒なことになる。還俗した信者やその家族、支援者たちが「財産を返せ」と言ってくれば事は裁判沙汰となり、その成り行き次第では教団の財政基盤が危うくなる。このような事態を防ぐためには、信者を教団内に繋ぎ止めておいて、外部の関係者と接触させないようにする必要がある。いくら家族が抗議しても、「出家は、本人が望んだことです。そして今も教団の中で満足して修行しているのですから、周りの方達があれこれ騒ぎ立てる筋合いのものではありません。お引き取りください」と言って拒絶する。つまり人も金も、一度取り込んだら二度と返さないということ。強奪を旨とするのだから当然のことである。このような理由で、オウムは出家信者の還俗を拒み、妨害した。

仏教サンガが人を受戒させる場合、両親の許可が必要とされたことはすでに言った。出家というものが必ずしも社会的に歓迎されるものではなく、時には、残された家族との間に深刻な軋轢《あつれき》を生み出す危険な行為であることを、仏教自身がよく理解していたからである。出家する人の個人財産に関して一切関与しないこと、そして、出家した人の脱退（すなわち還俗）や再出家を認めていたこともすべて同じ理由による。釈迦の設定した「社会からのお布施に頼って生きるしかない」という方針が生み出す当然の帰結である。社会との良好な関係を最重要視する釈迦の仏教と、社会からの批判を無視して独善的につっ走ったオウム。教団のトップに立つ者の姿勢の違いひとつが、組織運営の構造を全く違ったものに変えてしまうという典型的な例である。

師の権力の制限

もう一つ、仏教とオウム真理教の間の際立った違い、それは師弟関係にある。仏教の場合、サンガという組織体の存在理由が、「修行による、メンバー個々人の自己鍛錬」というその一点に絞られている以上、内部の師弟関係も、自己鍛錬を効率的に進めていくという目的のためだけに設定されている。上の者が、権力を持って下の者を支配するといった構図にはなんの意味もないし、特定のリーダーを中心に全員が一致団結して組織力を高め、数の力で勢力を伸ばしていく、といった拡大主義も関係がない。大切なのは、内部の上下関係、教育制度が、個々のメンバーの修行にとってどれほど効率的に作用するかという、それだけである。これはたとえてみるなら、最も標準的な学校教育制度の理念に相当する。学校教育というものは、教師の権力欲を満たすために存在するのではないし、学校組織を拡大して日本を支配するためにあるのでもない。目的は一つ。生徒一人ひとりの能力を伸ばし、充実した人生の礎を与えることである。そのために不可欠のシステムとして、「人生の先輩である教師が、指導者としてある程度の権力を持ち、後輩である生徒たちに知識や智慧を伝達していく」という上下関係が導入されている。学びというものは、ある程度の忍耐と服従が必要とされるので、先生が生徒に効率よくものを教えるためには、教師にある程度の権力を与えることが認められているのである。しかしそれは、あくまで教育の枠内での話であって、それを越えた個人的活動の範囲にまで、教師が支配権を持つことなど決して許されない。

釈迦はこのことを正しく理解していて、サンガでの教師の権限を厳しく限定している。釈迦自身、開祖としてある程度の権限は有していたものの、全サンガを統括して、弟子のすべてを思い通りにあやつろうなどという姿勢は全く持っていなかった。メンバー一人ひとりが、律という共通の法体系に基づく同等の権利と義務を有しているという前提のもと、あくまで教育制度の一要素として、師弟間の上下関係が設定されているのである。したがって、和尚や阿闍梨になったからといって、弟子に対して権力を濫用することは許されない。弟子の方が師匠の悪行を指弾することさえあったということはすでに述べた。その関係はあくまで「先輩と後輩」のイメージであって、「親分子分」でもなければ「権力者とその手先」といったものでもない。教える者と学ぶ者が、互いを尊重しあいながら共に成長していく、きわめて合理的な相互扶助のシステムだったのである。

和尚と弟子の関係が、このように理性的なものである以上、そこに体罰が用いられることは決してない。往々にして宗教世界では、「世俗とは価値観が異なるのだから、特別な修練として、師匠が弟子に肉体的苦痛を与えることも許される」という理屈がまかりとおることがあるが、仏教は決してそれを認めない。「人に苦痛を与える」という行為そのものが、自己鍛錬による煩悩の消滅を目指す仏教の理念に反しているからである。したがって律は、「いかなる理由があれ、僧侶が他者に暴力行為を働くことは許されない」と規定している。たとえ「愛の鞭」のつもりであっても違法である。「僧侶には絶対に暴力が禁じられる」というこの原則は、律のない日本の仏教では意外に無視されていて、僧侶が武器を取って敵と戦うとか、指導のために弟子を殴るといった状況がさほど違和感なく人の脳裏に浮かぶようだが、律を守っている他の仏教国においては想像もできない暴挙である。少しでも人に手を挙げることがあれば、その僧侶は愚劣な乱暴者として処罰され、一般社会からの尊敬を失う。したがって、オウムが地下鉄サリン事件をはじめ数多くの暴力事件を起こした、そのこと自体が釈迦の理念と真っ向から対立する。教えや理想がどうあれ、実際の運営面で暴力に訴えたことをもって、「オウムは仏教でない」と断定することができるのである。ただそれを言うと、過去の歴史の中で、暴力的行為に手を染めた事例が多々見出される日本の既成仏教教団もまた「仏教ではない」と判断されてしまうため、なかなか議論が盛り上がらない。しかし過去の経過がどうあれ、仏教で出家した僧侶にはいかなる暴力行為も許されないという規定は、仏教を成り立たせる基本原則であるから決して曲げることができない。

以上のような教育的効果に加えて、仏教の師弟関係には生活保障という面でも有効性がある。病気や怪我で身体が動かなくなった場合、師弟関係にある者は必ず互いに助け合わねばならない。そう律の中で決められているのである。和尚とその弟子が同じサンガの中で生活している場合、たとえば和尚が老齢で寝たきりになったとしたら、その弟子は、和尚が全快するか、あるいは亡くなるまでずっと介護する義務がある。子が親を介護するのと同じである。では弟子の方が病気になったらどうなるのか。驚くべきことに、今度は和尚がその弟子を看病するのである。弟子の病気が治るか、あるいは亡くなるまで、和尚が看病する。それは律によって決められた義務であって、単なる親切とか厚意の問題ではない。師弟関係がそのまま、厳格な介護制度にもなっているのである（なお、弟子のいない僧侶が病気になった場合は、サンガのメンバーが回り持ちで介護することになっている）。

目的と運営

教育にしろ介護にしろ、サンガの内部で設定されている師弟関係はすべて、修行の効率化という唯一の目的に沿った合理的なものである。そこに権力欲だの優越感だのといった煩悩と結びつく要素が含まれることはない。ここがオウムと決定的に違う。すべての権限を麻原が握り、信任を得た少数の幹部が権力の一部を代行して一般信者を操るという専制的な権力構造は、仏教サンガでは決して現れない。もし釈迦がそんな状況を見たら、「一体それで、何をしようというのかね」と尋ねたに違いない。一人ひとりが自己の苦悩を消し去るため、できるだけ効率的に修行生活を送るという、その目的で設定された組織の中で、権力を握ってなにをしようというのか。上から下への支配体制を敷いて、そこになんの効用があるというのか。全く無意味な話である。これを逆に見るなら、麻原がオウム真理教の中に強固な専制体制を敷いたということは、組織の目的が仏教とは全く違っていたということになる。専制体制というものは、組織が勢力拡大を目指す時に必要とされるものだ。麻原の目は、メンバー一人ひとりの「心の安らぎ」に向いていたのではない。目指していたのは明らかに、組織勢力の拡大による権力欲の充足。つまり自分の欲望の満足であった。体制の有り様を見れば、「ああ、この教祖が望んでいるのはメンバーの個人的幸福ではなく、組織の強化と勢力拡張なんだな」と判断できたのである。

先に、「宗教と出会って教えに惹かれた段階では、その宗教の本質を見極めて善し悪しを判断するのは無理だ」と言った。まだ内実を見ていないからである。しかし、この段階、すなわち出家の手続きや師弟関係といった具体的活動内容が分かれば、もう判断はできる。出家にあたって法外な寄付を要求するなら、その組織はお布施で質素に暮らす誠実な教団ではなく、必要以上の金銭を集める強欲な集団だということが分かるし、内部が厳しい上下関係で統制されているなら、個人の内的幸福よりも組織の発展やリーダーの面子を重視する全体主義的組織だということが分かる。分かるだけの証拠が出ているのに分からないなら、それは分からない方にも責任がある。犯罪者となったオウムの信者たちに過失があったとしたなら、その第一歩はここだ。理想を求めるあまり、麻原の正体を示す証拠がゴロゴロしているのに見て見ぬふりをした。そうして自ら洗脳されていった。このような事態を避けるためには、心地よい教義に身を任す前に、必ずその組織の運営面をチェックする。これがなにより大切な組織確認の方法である。

法臘による上下関係

再び「私」の出家話に戻る。比丘になった私が、そのあとサンガの中でどのように暮らしていくのか、その様子を見ていこう。最初に問題となるのは、サンガ内での序列である。今言った和尚と弟子の間の特別な上下関係ではなく、サンガ全体における私の位置づけのことを言っている。たとえば、サンガ全員が集まる集会で、私はどこに座るべきか、そういった全メンバーの中での順位を知っておかねばならない。そうしないと集団行動がスムーズに進まないからである。

ではその序列の基準はなにかというと、実に単純であって、「比丘になってからの日数」である。比丘になって二十年経つ人は、十九年目の人より上座に座る。もし年数が同じなら、日数の多い方が上であり、日数も同じなら、その同じ日のうちで、受戒儀式を受けた時刻が早い方が上になる。これ以外に序列を決める条件はなにもない。修行を熱心にしているとか、人格的にすぐれているとか、信者からの信望が厚いとか、そういった個人的資質は全く考慮されず、単に受戒してからの時間が長い方が上になる（この「比丘になってからの時間」を法臘《ほうろう》という）。仏教サンガ内の序列は、法臘という、実につまらない基準で決定されているのである。この「つまらない基準で決まる序列制度」もまた、仏教サンガを二五〇〇年間保ってきた重要なポイントのひとつである。

もし仮に、サンガの序列が「悟りに近い人ほど上座に座る」という基準で決められていたとしたらどうなるか。悟りというのはあくまで人の心の中の問題であるから、誰が悟りに近くて誰が遠いかということは客観的事実として示すことができない。ということは、誰かがそれを主観的に判断しなければならないということである。その判定者は、当然のことながらすべての比丘たちの上位に立つことになる。評価する者が評価される者より力を持つのは当然だからである。そしてここに、権力構造が生まれる。比丘たちは、集会場に集まって座る時、その場の面々を見渡して「AさんはBさんより上座にいる。ということは、Aさんの方がBさんより悟りに近い立派な比丘なんだな」という具合に、序列と人の価値を同調させて考えるようになる。そしてもちろん、そういった序列を判断する判定者こそが最上位にして最も立派な人だということになる。

そして比丘たちはこう考える。「私もしっかり頑張って、早く上座に座れるようになりたい。そして最後には、頂点である判定者の席に座りたいものだ」と。これは一見すると、各人の発奮を促す好ましい状況のように思える。頑張って競争を勝ち抜いて上に昇ろうという意欲は、組織全体の活力を高めるだろう。皆が上昇志向をもって努力すれば、サンガ全体の修行のレベルはどんどん上がっていくに違いない。それはとても良いことではないか。実力主義こそ、組織繁栄の王道ではないか。しかしこの考えに対して仏教は「ノー」と言う。その、「人を追い越してトップに登り詰めたい」という思いそのものが煩悩の一種であり、修行によって除去すべき悪要素だからである。世俗的な欲望や憤怒や激情を離れ、平安にして健やかな精神状態を実現しようというサンガの基本理念からいえば、競争原理によるポストの奪い合いなど愚の骨頂である。そういう世界を離れたいからこそ俗世を捨てて出家したのではないか。

したがって、サンガの序列にはいかなる競争原理の導入も許されない。人の上下関係は、法臘というつまらない基準で決める。そうすれば、上下関係そのものが、つまらないものになって、誰も関心を持たなくなる。「長くサンガにいれば、誰でも上座に座れるようになる」ということなら、誰も上座に座るためにあくせく汗を流すことなどなくなる。そうすればその分、本来の目的である自己鍛錬に集中できる。上座、下座という身分の違いは、その人の人間的価値とは全く無関係な、ただ単にサンガの運営をスムーズに進めるための便法にすぎない。本来ならば一切の上下関係を撤廃して、まったく平等な人間関係を設定すればよいのだが、それだと集会での席順や、物を分配する時の取り順や、あるいは挨拶の時の作法手順などで混乱が生じる。だから一応のマナーとして「法臘の低い者は、法臘の高い者をたてるようにせよ」ということになった、それだけのことである。

組織の寿命

サンガの内部では、全体の運営をスムーズにするための法臘による上下関係と、教育を効率よく行うために制定された和尚・阿闍梨と弟子との間の師弟関係という、二種類の序列制度が二重構造となって設定されていた。僧侶たちは法臘にしたがって整然と行動し、和尚や阿闍梨に対しては師の礼を尽くす、そういう状況で自己を磨いていった。そして注目すべきは、そのどちらの上下関係からも、人の支配欲や栄達の欲求を刺激するような要素が極力排除されているという点である。人の上に立ちたいとか、他人を思い通りに動かしたいとか、みんなからちやほやされたいとか、そういった思いが起こらないように十分考慮されたシステムになっている。修行生活がとどこおりなく平穏に継続していくこと。それだけがサンガ内に序列が導入されている理由なのである。

また、サンガの中には、たとえば「衣の管理と分配を司る衣服監督係」とか「メンバーの部屋の割り当てを決める住居監督係」といった特定の管理職が設定されており、任命された僧侶がその役にあたった。しかしそれも、誰か特定のお偉さんが権限を持って任命するのではなく、そのサンガの全員が集まって会議を開き、全員の承認で任命した。皆が集まった集会場で、司会者の僧侶が「皆さん、この誰々さんは、住居監督係として大変すぐれた資質を持っていると思われるのですがどうでしょう。もしこの人を住居監督係として任命することに賛成でしたら沈黙をお守り下さい。もし反対意見があるようでしたらご発言ください」といって、全員に尋ねる。そして、全員賛成、つまり誰も発言しなかった時はじめて、その人は住居監督係の役につくことができる。サンガの決め事はすべて、このような全員参加の会議によって決められる。特定の人物の思惑ですべてが決められるなどということは規定上ありえない。当然のことながら仏教サンガが、オウム真理教のように、教祖のその時その時の思惑に翻弄されて自己崩壊するという事態は起こらない。律がすべてにわたって運営のタガとなり、その行動をあるべき領域の中に限定する。釈迦の仏教とオウム真理教の永続性の違いは、法治主義と専制主義の寿命の違いと等価なのである（なお、サンガが執行する全員参加の会議をインド語でカルマン、漢訳で羯磨《こんま》という）。

生活の基本となる四項目

また「私」の話に戻る。さて、こうして比丘になった私は、最初の五年間は和尚と生活を共にし、修行生活の万端を学んでいく。そして五年が経ち、和尚から「お前ももう一人前だ。あとは自分の好きなようにやっていけ」とお許しが出たら、自由行動が可能となる。そのままそのサンガに住み続けるもよし、他のサンガを渡り歩くもよし。修行のために最もよいと思う生活スタイルを自分で考案し、実践していく。当然、和尚と遠く離れてしまう場合もあるが、それは構わない。親元から子供が巣立つ如く、心のつながりは保ったままに、師弟それぞれが、各自の道を歩むのである。独立した後の比丘は、最も基本的な必要条件さえ守っていれば、様々な生活形態を選択することが可能である。その最も基本的な必要条件とは、

1. 食事は原則として一日一回、午前中にすますこと。人からもらった物以外は食べてはならない。
2. 必ず決められた僧侶の服（袈裟）を着て、鉢を所有すること。
3. 半月に一度の反省会（布薩）には、必ずどこかのサンガで儀式に参加すること（どうしてもそれができない場合は、特例として一人だけで執行することも許されるが好ましいことではない）。

4．雨季の三ヵ月間は、あちこち移動せず、一ヵ所に留まって居住すること。

膨大な律の規則のエッセンス、「人が比丘・比丘尼であるためにどうしても守らねばならない必要最低限の要件を抜き出せ」と言われれば、この四項目に集約できる。和尚の指導を離れた私は、一人前の比丘として、この四項目を厳守しながらその後の出家人生を歩んでいくのである。

そんな私も、比丘になって十年経てば、今度は自分が和尚になって弟子を教育することができるようになる。教える側に立つのである。こうして私は、次第に修行も深みを増し、法臘も増え、それなりに尊敬される立派な比丘として一生を送る。若いときに立てた志を貫き、自分が選んだ「仏道修行」という生き甲斐を心の支えにして、幸せな人生を全うすることができる。真の「悟り」に到達できるかどうかはともかく、俗世にいたのではとうてい手に入れることのできなかった満足感を感じながら生きていくことができるのである。以上が（あくまでイメージではあるが）、一人の人物が仏教と関わっていく全プロセスである。

「生き甲斐のための組織」のチェックポイント

サンガで出家する場合の状況を、大雑把ではあるが具体的に語ってきた。そこには、二五〇〇年続いてきた仏教僧団と、数年で消滅したオウム真理教との根本的な違いが如実に現れており、そしてそれこそが「生き甲斐のための組織」を評価するためのチェックポイントである。

もう一度まとめてみよう。

・出家制度の有無……日常生活をなげうって特定の活動に身を投じる「出家」という制度を持つ組織は、時として大きく暴走することがある。出家したことで後戻りができなくなり、ひたすらリーダーに追従するしかない、という追いつめられた状態に置かれるからである。暴走を防ぐには厳格な法体系のタガが必要である。統率者の個人的思惑で方向が決まってしまうようなシステムは暴走の可能性が高くなる。出家制度を取り入れている組織の場合、内部の規律がどういった手段で守られているか、そこを見極めることが必要である。なお、ここでいう出家は、仏教やオウム真理教のような「出家修行者」だけを指すのではない。その組織の内部で生計を立てる「専属職員」もまた出家者と同位である。組織と自分の生活が一蓮托生の関係にあることで、リーダーへの依存度が極めて強くなるからである。したがって、専属職員を大勢抱える組織もまた暴走の危険性を持つ、という点に注意しておく必要がある。

・統率システム……組織内部の上下関係が、いかなる基準によって決定されているかという点に注意する必要がある。特定の人物が主観的な基準で上下を決めている組織や、競争主義で序列が決まる組織は、メンバーの個々の幸福よりも組織全体の勢力拡大を本来の目的としている可能性が高い。そういう組織に、自己の安寧を求めて参加した人は、いずれ自分の理想と組織の方向性の食い違いにより苦しめられることになる。一般企業なら組織強化は当然の目標だが、「生き甲斐のための組織」には、自分たちが勢力を拡大する必要性も、競争相手を踏みつけにする必要性もない。重要なのは「個人が生き甲斐を追求するためのシステムが長く続く」という一点であり、そのためには、組織内部の序列は緩く穏やかに設定されていなければならない。また、そこからの脱会が妨害されるようなことがあるなら、それは組織の統制を第一に考えているという証拠であるから、そういう組織もまた、メンバーを不幸に突き落とす可能性が高い。

・資金の獲得方法……組織の資金をどのような方法で獲得しているか、という点がきわめて重要である。できるだけ余計な負担をメンバーにかけないように運営されている組織は、メンバーのことを大切に考えている。いくら立派な教えを説いていても、人の生活に脅威を与えるほどの寄付を要求する組織は、危険性が高い。メンバー個人よりも組織の強大化を目的としているわけだから、時として、個人の幸福が組織強化の犠牲になる。「強欲さ」は、人を不幸にする組織の特性である。

人に本当の生き甲斐を与えてくれる組織と、人を不幸の淵に突き落とす組織。この世には確かに二種類の組織がある。釈迦の仏教とオウム真理教を比較すれば、その境界線は明確だ。しかしこれは、あえて両極端のケースを選んで比較しているからそうなるのであって、現実に活動している組織のほとんどは中間のグレーゾーンにある。律を持たない日本の仏教も、皆そこに含まれる。つまり「そこに入ると幸福になる場合もあるが、時には不幸を呼ぶこともある」という状況である。上に挙げたいくつかのチェックポイントの度合いによってその比率は変わってくる。「幸せになることもあるのだから、それでいいではないか」という声に対しては、「全くそのとおり。人それぞれに違う生き甲斐を、様々な組織がそれぞれの形で実現していく、そのあり方に正否はつけられない」と答えよう。

しかしやはり、オウム真理教事件が問題だ。心から幸福を願った人を絶対的に不幸にする組織が現に存在していたという事実は恐ろしい。オウム信者の不幸が明日の我が身の不幸にならないという保証はない。知るべきことは知ったうえで、確信を持って正しい選択をする、それをいつも心掛けることが必要である。組織設計者としての釈迦の智慧が、現代社会の中で生き甲斐を探す人たちに大いなる助けとなるなら素晴らしいことだ。仏教には、思想・哲学以外にも、世に知られていない隠された価値がまだ数多く残っている。そのことを理解していただけたなら幸甚である。

第六章　出家的に生きるということ

出家としての科学

これまで、仏教の「出家」および「律」というものの意義について語ってきた。それは、生き甲斐を探し求める多くの人たちのために釈迦が智慧を絞って考えてくれた、精緻な生活システムである。その根底にある基本原理は、宗教に限らず、俗世の様々な組織にも適用できるものと私は考えている。そこでこの章では、一般社会のいろいろな組織を、あえて「出家」という視点から見つめ直し、そこに「律」というモノサシを当てることで、その組織のあるべき姿を考えてみたい。見方を変えることで、それぞれの組織に関しての、今まで気づかなかった新たな知見が得られるからである。そしてそれらは、多様な価値観が交錯する現代社会で、自分にとって本当に役立つ「生き甲斐」を我々が追求する際の有効な指針となるであろう。

はじめに科学者の世界を考えてみよう。

たとえばこんな話がある。日本の経済が衰退し緊縮財政を強いられる中で、科学関連の予算も大幅に削られることとなった。削減を要求する政府側と、それに応戦する科学者たち。次世代スーパーコンピュータの開発予算をめぐる攻防の中で、政府側から発せられた言葉は「どうしてこの分野が世界一でなければならないのですか。二位じゃダメなんでしょうか」というものであった。そして対応した科学者側の代表は、この質問に明快に答えることができなかったのである。

この出来事は、科学界に大きな衝撃を与えた。それまで当然と考えられてきた、「科学者が国の予算を頼りにして、世界一を目指して研究に邁進する」という科学界のあり方に根元的な疑問が突きつけられ、自分たちの存在理由を一般社会にうまく説明できないことに気づかされたからである。それは、科学界が自分たちの立場を正しく理解していないことを示している。科学とはなにか、科学者とはどういう生き方をする人たちなのかという最も基本的な問題が曖昧なままなのだ。しかしこの問題も、「出家」という視点を導入することでその輪郭がきわめてクリアーに見えてくる。

科学者という名称は本来、職業名ではない。それは、「この世の法則性」、特に「物質世界の中に存在する法則性」を探究することに生き甲斐を見出した人たちを意味している。「この世の真理を知ること」を人生の最高目標に設定した人たちである。したがって、科学者という職業があって、その方面で働けばだいたいこれくらいの収入になるといった世界ではない。科学者は本来無職である。自分が選んだ「この世の法則性の探究」などという、現実社会では一文の価値もないような破天荒な目標を目指して努力するのだから、その対価はゼロ、すなわち誰からも代金・賃金をもらうことはできない。

たとえば宇宙論という分野があって、「この宇宙は、どのような過程で出来上がってきたのか」という問題を追究しているとしよう。宇宙はビッグバン以来、常に膨張し続けるのか、それともある程度の膨張のあと、再び収縮するのか、といった問題が重要課題となってくる。しかし、宇宙が膨張しようが収縮しようが、私たちの現実はなにも変わらない。「そんなことを研究して、なにかの役に立つのか」と問われたら、「全くなんの役にも立たない」と答えるしかない。したがって、こういう問題に全身全霊をかけて挑んでいる科学者は、一般社会の視点から見れば「役に立たない人たち」であるから、それに対して誰かが賃金を払うということはあり得ない。宇宙を探究する科学者は、本来なら無収入の無職者なのである。

しかし社会全体に経済的余裕が生まれてくると、そういった無益な作業を面白いと思い、応援してくれる人たちが現れる。普通の人にはできない変わった事をやっていて、普通ではお目にかかれない変わった事を見つけてくる、そういうことをしている人たちに価値があると考え、経済的援助をしてくれるパトロンである。昔ならそれは、王侯貴族や豪商など、富を一手に握るごく一部の富裕層に限られていた。たとえばスイス生まれで「数学王」と呼ばれた天才数学者オイラーは、後年ロシアの宮廷に呼ばれて王臣として一生を過ごした。宮廷からの俸給によって生活しながら数学三昧の生活を送り、その代わり、特殊技能を持った宮廷人として王にへつらいながら暮らしたのである。「役に立たないことであっても、面白いことのできる者には金を出す」という風潮が生まれ、科学者が科学者として一生を過ごすことのできる環境が生まれてきた。

これに拍車をかけたのが産業革命による技術革新である。意識的に技術を向上させることができれば、驚異的に生産効率を高め、生活の利便性を向上させることができる（そしてそれによって利益をあげることができる）、という確信が生まれ、その技術革新のためには、科学の発見が大いに役立つということが広く認知されるようになった。今はなんの価値もないように見える科学研究も、いずれなんらかのかたちで自分たちに「果報」をもたらしてくれるのではないか、という認識が強まってきたのである。そして、そういった科学に身を捧げる研究者を「カッコいい人」として尊敬する風潮も強くなってきた。自分たちには窺い知ることのできない深淵な科学の話を聞くことに、社会全般が喜びを感じるようにもなった。アインシュタインが一般相対性理論を発表した時に世界の人々が示した熱狂ぶりが、その代表的な例である。科学技術との結びつきが引き金となって、科学の社会的地位が格段に高くなったのである。

科学と科学技術

本来、科学と科学技術は別物で、科学の方は純粋に知的探究心の対象領域であり、それが人の役に立つとか立たないといった問題とは無関係なニュートラルな活動だが、その科学の知識をうまく利用すると、人の役にたつ技術を生み出すことができることから、技術も科学の一分野であるというあいまいな理解が生じた。そのあいまいさをそのまま引き受けた形で、「科学技術」という怪しい術語になった。科学技術というと、「科学の一要素としての技術」といった意味合いがでてきて、それがひいては「科学技術と科学は同じもの」といった大きな誤解を生みだす。しかし実際には科学と科学技術は全くの別物である。

科学は「真理探究の道」であり、そこには善悪の区別も、利得・害悪の違いも存在しない。「良い科学」とか「役に立つ科学」などといった価値判断を下すことのできない世界である。

それに対して科学技術は、「人の役に立つことを目的として生み出された道具」であるから、それが本当に役に立つなら「良い科学技術」であり、役に立たなかったり、あるいは害になるものなら「悪い科学技術」である。ここには厳とした善し悪しの区別がある。たとえば核物理学そのものは善悪のつけようがない科学の一分野だが、それを使って原子爆弾を作り、多くの人を殺すのは「悪い科学技術」であり、原子力発電に利用して新たなエネルギー源を生み出すのは「良い科学技術」だ、といった価値判断が可能になる。あるいはその原子力発電にしても、運営を誤れば利益どころか大きな損害をもたらすことがあるから、場合によっては「悪い科学技術」と判定されることになる。このように科学技術というものは、科学を土台としながらも、「それがどれほど人間活動の役に立つか」という現実的な基準で評価されるという点で、科学とは別次元の領域である。そこを混同して、科学そのものの善し悪しを論じても意味がない。

科学は、人という生物が生来そなえている知的情動の現れであって、息をしたりご飯を食べたりするのと同じレベルでの避けがたい基本活動である。それは決して科学技術と並列で論じるべきものではない。科学は、人が人として生きるための必須の精神作業なのである。

ところが現在提示されている様々な議論では、この点がほとんど考慮されておらず、意味の混乱が生じているように思う。科学技術を科学と同一視したり無定見に混同することで、非常に多くの問題が無意味な空論に巻き込まれてしまっている。こういった状況を避けるためには、科学と科学技術という二つの言葉を厳密に区別して使わねばならない。そして私が本書で「科学」という場合、それは、「社会的価値判断とは無関係な、純粋な知的探究活動としての法則解明」及び、そのためだけに利用される特殊な装置や技法の開発を指すのであって、科学技術の意味は含んでいないという点を強調しておく。だからこそ、科学に邁進する科学者という存在は、社会の利害に関わることのない、知的好奇心だけを原動力として活動する、本来無職の生き方なのである。

参入ハードルの違い

自分の生き甲斐を、一般の社会システムとは隔絶したところに設定し、その目標を追究するために世俗の生活を捨てる。これを出家というなら、仏教修行者も科学者も出家である。原理は共通している。しかし当然ながら、細部を見れば違いは大きい。

たとえば仏教の場合なら、身一つで出家して、和尚のもとで一から修行の道を習っていく。

前もっての準備はいらない。なんの素養もない普通の人でも簡単にその世界に参入することができる。そしてもし、出家したあとに全く成果が現れず、煩悩まみれの凡人としてサンガの中で一生ぐうたら暮らしたとしても、（まわりの同僚から軽蔑され非難されることはあったとしても）サンガから追い出されることはない。それは仏教という出家社会が、「メンバーに対して特定の技能、才能を要求する世界」ではなく、「一から出発して、各人がそれぞれの努力に応じた結果を生み出していく世界」だからである。科学のように、修行の成果が客観的基準によって評価されていくわけではないから、誰もが自分のペースで好きなように修行生活を送ることができる。世間から顰蹙をかって布施がもらえなくなることだけは避けねばならないが、その条件さえ満たしているなら各人の能力差は問われない、そういう構造で作られているのである。

これに対して科学世界の場合は、参入するための基礎訓練が必要となる。読み書き計算を初めとして、私たちが幼い時から習う数々の教科を確実に習得し、一つひとつ積み上げた知性・知識があるレベルに達して初めて、その人には科学世界で出家者として暮らしていく資格が与えられる。微分積分も知らずに数学者や物理学者になれるはずはないし、化学記号も読めない者が化学者として生きていくことなど不可能である。科学的世界観では、真理とは万人が納得する単一の説明原理だと考えられているので、自分勝手に真理を創造することは許されない。共通のルールに沿って導かれ、確認された事柄だけが真理として認定される。したがって、その真理を発見するためには、発見のためのルールと手法と基礎知識を正しく学ばねばならない。私たちが学校で科学の実験方法を学び、数学の証明方法を習うのも、みなそういった基礎訓練である。もちろん、学校で基礎訓練を受けた学生がすべて科学者の道に入ることなどあり得ないが、「学生の中の誰がどういうきっかけで科学者を目指すのか分かっていない段階では、すべての学生に、必要最小限の訓練を受けさせておく」という方針は、全く適切である。

確かにこのように、仏教と科学では、参入するためのハードルの高さに違いがある。しかしそこに参入したメンバーが、自分で設定した目標を達成するためにその後の人生の全エネルギーを投入するという点は変わらない。どちらも、世俗を捨て修行生活に没頭するという生き方である。釈迦の仏教と科学が、出家という側面で共通するのなら、いままで考察してきた仏教の出家の理念が科学にも適用されるはずである。「科学者とは出家した人間だ」という前提で状況を見ていくことで、新たな視点が得られるはずである。

出家者の姿勢

仏教の出家生活は、ある特定の時点、具体的に言えば頭を剃り黄色い袈裟を着て鉢を持ち、サンガのメンバーとなった時点から始まる。沙弥を経由して比丘になる場合であれ、あるいは二十歳以上の人が直接比丘になる場合であれ、とにかく俗世の仕事をすべて放棄してサンガという全く別の社会に飛び込んだ、その時が出家のスタートである。したがって仏教では、出家していない人と出家している人は明確に区別できる。「半分出家していて半分在家」といった状況はあり得ない。出家者というのはすべて、一〇〇パーセント出家した人なのである。

しかし科学の場合は違う。「科学者としての人生を踏み出すための儀式」などというものはないから、人はいつ科学者になるのか自分でも分からない。学校で学んでいるうちに理科の科目が好きになり、そのまま科学系の分野を進んで、気が付けば専門家になっていたというのが最も一般的なかたちであろう。だが、そうやって「物理学を専攻して物理学の専門家になった人」や「数学を専攻して数学がよくできるようになった人」がみな科学者というわけではない。科学者というからには、常に新たな真理を探究するため、世俗の欲求を犠牲にしてでも邁進し続ける人でなければならない。いくら物理学を専攻していても、その物理の知識を、単に生計を立てるための生活手段に使っているだけなら科学者とはいえない。「まだ誰も知らない、誰も到達したことのない真理を自分の手でみつけたい」と願い、そのための努力を続けている人だけが科学者という身分証を掲げることが許されるのである。科学の世界に身を置いていても、探究の意欲を持たず、だらだら別の事ばかりしているなら、それは「科学の世界で出家した人」ではない。一方、常識的にみれば科学とは呼べないような分野に携わっていても、論理的思考方法による真理探究に身を捧げている人は科学者である。このように、科学者であるかないかは、その人が属する分野に依るのではなく、その人の心がけ、身の置き方によって決まる。だから私たちは、肩書や身分で科学者を見分けることができない。「どのような姿勢で、実際になにをしているか」、それが科学者とそうでない人を区別する唯一の基準である。

先に、科学と科学技術は全く別の分野だと言ったが、それは一般社会との関係の中で、それぞれの分野が持っている基本姿勢の違いを基準にした場合の区分である。社会への利害を考慮せず、物質世界の真理探究を唯一の到達目標とする世界が科学であり、その科学が解明した原理を利用して、社会の役に立つものを作る智慧が科学技術である。分野そのものの方向性は全く違っている。

しかし、その中で活動する各メンバーの姿勢までが画一的に二分されるわけではない。科学者でありながら、純粋科学だけでなく、その応用としての科学技術にも力を発揮する人がいるし、その一方で、科学技術を生業としながら、科学の分野ですぐれた仕事をする人もいる。「その人がどれくらい科学者であるか」というその比率は、人によって様々である。だがそれでも、一切の生産活動を放棄し、まさに修行者のような姿で研究に没頭する科学者が現実に数多く存在しているのは事実であり、一〇〇パーセント出家した科学者というものは確かにいる。たとえば、私の脳裏に浮かぶのは、一切の仕事を放棄して、何年もの間、郷里の野山を歩き回りながら数学の難問を次々と解決して世界を驚かせた数学者・岡潔の姿である。その「一〇〇パーセントの出家科学者たち」をコアとして、その周辺を、いくぶんかの世俗性は含みながらも真理探究を一番の生き甲斐として活動する「ほぼ出家した研究者たち」が取り囲む、これが科学世界の大枠のイメージである。

生活共同体と情報共有体

仏教のように出家と在家を区分する明確な基準はないし、サンガのような集団生活体制も持ってはいないが、世俗の価値観から離れて、布施で生きながら自己の生き甲斐を追求するという一番おおもとのところで、科学は間違いなく出家世界である。仏教サンガのように統一された生活共同体はつくらないが、その代わり科学は強固な情報共有体を形成する。科学的真理が一義的に決まるもの、つまり「必ず一つに決まっていて、人によってそれぞれ違うなどということは決してない」ものである以上は、過去の先人たちの業績や発見を土台にしなければ新たなステップに登ることはできない。科学者が一人で勝手に一から研究して、新たな真理に到達することなど絶対にできないのである。たとえば数学を例に挙げるなら、メソポタミア、エジプト時代から積み上げられてきた無数の定理や概念の巨大な体系の、その最先端に現代数学の世界が成り立っているのであって、そこでなにか新たな発見を成し遂げようと思うなら、必ずその過去の体系を土台として、その上に立たねばならない。πの意味や方程式の概念や複素数の世界を学ばずに数学的発見をすることなど不可能である。過去を学ばない数学者などあり得ない(先述の岡潔も、若い時にはしっかり基礎を学び、その後で独自の研究生活に入った)。つまり、過去における幾多の発見が情報として手に入らない場所にいたら、数学者にはなれないということである。これは数学に限らず、科学のすべての分野に共通していえる原則である。

したがって科学者として生きる以上は、かならず先達の情報を体系的に入手できる、なんらかの組織体に属している必要がある。それが、たとえば大学や研究所に身を置くということの意味である。教授の肩書が欲しくて大学にいるわけではない。もちろんそういう「俗人学者」も多くいるが、大方の科学者がそういう研究機関に属している真の理由は、情報ネットワーク内に身を置かねば発見ができないという点にある。必要なのは過去の情報ばかりではない。今現在、世界の各地で誰がなにを研究していて、どういう発見がなされつつあるか、それを知ることも重要だ。すでに誰かが見つけてしまったことは、二番目に手を挙げても意味がない。今まで誰も知らなかった真理を自分の手で見つけ出すところに科学者の生き甲斐があるのだから、それは必ず世界で最初、世界で一番でなければならない。そしてそれを成し遂げるためには、「まだ誰もそれを見つけていない」ということを確認しておかねばならない。そのためにも世界規模での情報ネットワークのメンバーでいる必要がある。仏教のように皆が寝起きを共にする生活共同体ではないが、情報共有体として、科学者には科学者としての組織が存在しているのである。

私はこの本で、現代における出家の一例として科学者の世界を取り上げているが、「科学ばかりでなく、他の学問分野に専心する人たちも出家ではないのか」という疑問が起こってくることは当然予想している。もちろんその通りであって、人文系や社会科学系の世界でも、日夜膨大な資料と格闘して世の真理を追究しつづけている人たちは大勢いる。それを出家と呼ぶことは正しい。しかしながら、研究のために要する桁外れに高額な資財をお布施によって賄っている点や、世界中の同じ分野の研究者が全員で一つの情報共有システムを形成している点などを考えると、科学者の「出家性」は、他の学問分野に比べてはるかに高い。それで本書では、代表例として科学者について語っているのである。したがって、科学以外の分野に携わる人たちの場合も、個々の状況を考慮していけば、それぞれにまた違ったかたちで出家的な側面が見えてくるはずである。この点はご承知おき願いたい。

科学界の「波羅夷罪」はなにか

科学者の世界が出家であるなら、仏教やオウム真理教と同様に、そこには独自の規範というものが存在するはずである。科学世界の規範とはなにか。

仏教は「修行に集中するため、一切の労働を放棄し、世間のお布施に頼って生きる道」を選ぶ。科学は、「研究に集中するため、一切の労働を放棄し、世間からの援助に頼って生きる道」を選ぶ。実際は援助もお布施も同じことだから、科学もお布施で生きる世界である。仏教は「お布施をもらうため、メンバーが世間の顰蹙をかうような行動に走ることを強く戒めねばならない」と考え、そのための処罰規定として律を作った。科学も同じである。科学者の世界でも、世間からの援助をもらうためには、メンバーが世間の顰蹙をかうような行動に走ることを極力防止しなければならない。世間の敬意を裏切った時には、科学もまた仏教と同様、布施を絶たれて崩壊するからである。

では、世間の顰蹙をかう科学者の行動とはなにか。貴重な税金の一部である科学研究費を、本来の目的とは違う邪な目的のために流用する。典型的な「科学者の悪行」である。仏教でいうなら、修行のためにお食べくださいお使いくださいと世間の人たちが布施してくれたものを元手に、こっそり商売したり、夜遊びに使ったりするようなものだ。そういった悪行が、サンガ全体の信用を失わせ、世間からのお布施の道を断ち切ってしまう。だから、仏教サンガはそういった悪人をきびしく罰する。時には仏教世界から永久追放にすることもある。それならば科学も同じでなければならない。科学研究費は、世間の人たちからのありがたいお布施である。それを私的に流用すれば、科学世界全体が信用を失い、研究費を絶たれて崩壊していく。したがって科学界は、そういった悪行人を自分たちの手で徹底的に取り締まらねばならない。外から追及されて重い腰を上げるような姿勢では全く意味がない。重要なのは悪行人の処罰そのものではなく、「科学界は俗世からのお布施を大切に使っています」というアピールだから、積極的な自浄活動を外に示してはじめて布施する側は納得する。仏教が律という独自の法体系に基づいて、規則違反のメンバーを自分たちの手で罰するのと同じ構図である。

他にはどのような行動が科学世界の評判を傷つけるであろうか。「科学者として給料をもらい、研究費を受け取っていながら、真面目に研究をしない者」は当然批判される。人のお布施で生活しながら、サンガの中でぐうたら昼寝ばかりしている僧侶のようなものだ。そういう者はサンガ自身が「真面目にやれ」と叱咤し、矯正しなければならない。それを放っておけば、サンガ全体の信用が下落する。お布施する価値がないと判断されれば、もはやサンガが生きていく道はない。科学者の場合も、人からもらったお布施で研究生活を維持していく以上、同じ理屈がなりたつ。研究しない科学者は、修行しない僧侶と同じで、お布施をもらう価値のない無駄飯食いということになるのである。

「本筋の科学研究を全くせず、ジャーナリズムに乗ってテレビに出たり評論文ばかり書いている、人気取りの専門家」も同じような意味で科学の発展を阻害する。仏教でいうなら、修行もせず、在家の村にいりびたって愛想を振りまくことでしこたまお布施をもらって喜んでいる僧侶に相当する。一部の在家者たちは、お愛想にだまされて「立派なお坊様だ」などと称賛するが、そういうインチキな僧侶が得をする状態が続くと、後続の若手までが「あれが僧侶のあるべき姿か」と勘違いして、一番大切な「修行生活」を軽んじるようになる。在家世界でちやほやされるのが僧侶の本職だと思い込んで、皆が修行しなくなれば、遅かれ早かれサンガは崩壊する。釈迦は、このような危険性も十分承知していて、律の中には「在家の人たちにこびへつらって、ご機嫌取りばかりする僧侶は厳しく処罰せよ」という条文がある。仏教の命綱が修行であるのと同様、科学の命綱は研究である。研究を生活の中心に置かない科学者は、それだけで批判され、科学者の看板を取り上げられる。科学が出家の世界である以上、当然のことである。

「研究の成果を正しく発表しないこと」も出家者としての犯罪になる。論文捏造や、あるいは都合の悪いデータの隠蔽など、自分の研究を正しく、そして正直に表さないことは、外部の人たちに「科学者は不正直で信用できない人種だ」という軽蔑の念を抱かせる。そしてそれが科学の土台を崩していく。律の波羅夷第四条を思い出していただきたい。「悟っていないのに悟ったと嘘をついて、それがあとでばれた者はサンガから永久追放にする」という内容であった。科学で言えば、「発見していないのに、嘘をついて発見したと言った者は科学界から永久追放にする」というのと同じである。論文捏造は、ただの嘘ではない。お布施で生きる科学者の世界を危機に陥れる重罪である。だからこそそれに対しては、一般社会では考えられないほど重い処分が科せられるのである。

こういった様々な規範も、すべては科学が出家だからこそ必要とされるものである。もしこれが一般企業の給与社会なら、給料や賃金に見合うだけの労働をしているかどうかが評価基準になるから、労働成果以外の面であれこれ言われる筋合いはない。アフターファイブはだらしなく飲んだくれていても、勤務時間内にすぐれた仕事をすれば、立派な企業人として評価される。しかしお布施で生きる出家者は、その人の生き方そのもの、日常のすべてが評価され、それによって修行生活を継続できるかどうかが決まってくる。公私の別なく、日々の姿全体で判断されるのだから、厳しい道である。しかしその見返りに与えられるのは、「好きなことだけやって暮らす」という、この世で最も充実した人生なのである。

科学における布教

科学世界での「布教」ということについて考えてみる。古代インドの僧侶の生活を見ると、確かに大部分の時間は自己の修行に使っていたのだが、その一方で布教活動にも多大な労力を振り向けていたことが分かる。優婆塞などの信者が「教えを聞きたい」と望めば、いつでも説法して心の安らぎを与えることが重要な業務となっていたのである。それはなぜか。もしもこの世が緑の楽園で、おいしい食べ物がそこら中にころがっていて、一日中なにもしなくても楽々食べていける世界だったなら、僧侶が乞食してまわる必要などない。好きなだけその辺の食べ物を口に入れ、あとはひたすら自分の修行に励む。それで仏教の目的はすべて達成される。人から食べ物をもらわなくても修行を続けることができるのだから、世間に気を使うこともなく勝手気ままに自分の進みたい道を進むだけの話である。釈迦のように慈悲の気持ちが深くて、「私の体験を他の人たちにも知ってもらいたい」と考えるなら布教活動をすることもあるだろうが、別に布教が義務化されているわけではないから、誰にも教えを説くことなく一人きりで生き、一人きりで死んでいっても構わない。そこでは、布教の重要度はきわめて低くなる。これが、仕事をしなくても食べていける楽な世界に生まれた仏教修行者の暮らしぶりである。

しかし実際にはそんな気楽な世界などどこにもない。第一、そんな世界に生まれた者は「生きるのがつらい」とは思わないはずだから、その生きる苦しみを逃れるための教えである仏教を必要としない。仏教という宗教は、生きるためにひどく苦労しなければならない世界でしか起こりえない宗教なのである（実際、仏教の伝説によると、世界の北方にはウッタラクルという名の素晴らしく暮らしやすい世界があって、人は皆なんの苦労もなく生きているが、その人たちは仏教の教えによって悟りを開くことができないとされている）。人の世の常として、生きるためには働かねばならない。その苦労多き世の中で、仏教は「働かずに生きていく道」を模索し、その結果として、世間で働いている人たちのおこぼれをもらって暮らす乞食生活を採用した。このことは何度も言った。そして、必要なお布施をもらうための絶対条件として、「自分たちの生き方の理念を皆に知ってもらい、お布施に値する人間であることを納得してもらわねばならない」のである。自分たちはなぜ仕事をやめて修行に専念しているのか、そこには一体どのような利点があるのか、その我々に布施をすることにはどんな意味があるのか、そういったことを正しく分かりやすく説明してはじめて、世間の人たちは納得して食べ物や日用品を布施してくれる。緑の楽園ならしなくてもよかった自己アピール活動を、この苦海で生きる僧侶たちはせざるを得ないのである。

さらにもう一つ、布教活動が必要になってくる理由がある。それは新規メンバーのリクルートである。男女の交わりが厳しく禁じられたサンガの内部では、僧侶が子を持つことはありえない。全員が単身者である。そうすると、常に外部から新たなメンバーを補充し続けないと組織を維持できない。俗世間で暮らす人たちに法を説き、熱心な信者になった人には出家を勧めて新メンバーとして受け入れる。そういう勧誘活動を恒常的に行うことでサンガは人口を減らすことなく現代にまで続いてきた。仏教は決して勢力拡大を目指す宗教ではないが、効率的な修行の場であるサンガを維持していくためには、ある程度の人員補充が必要だった。

お布施をもらうためにも、そして新メンバーを補充するためにも、布教活動は仏教出家者にとって不可欠の活動である。そして当然ながら、同じことが科学者の世界にも言える。科学というものがどれほど素晴らしくて、やり甲斐があって、人の心を惹きつけるものか、そして、一見無価値に見えるその成果が時としてどれほど人々に恩恵を与えるものか、それを常に説き続けなければ一般の人はそっぽを向いてしまう。「奇人変人のお遊び事になんか付き合っていられない」と思われたら、おしまいである。研究のためのお布施をもらう以上、誠実な啓蒙活動が必ず必要となる。それはある意味、研究時間に割り込んでくる邪魔な業務だが、労働しないで研究だけ続けていくためには避けることのできない代償である。それでも一般の労働者に比べれば、その労働量は極端に少ないし、責任も軽い。それが出家した者の特典である。また、リクルート活動も必要である。若い科学者の卵たちに基礎を教え、出家への道を先導してやることで、組織の新メンバーを養成する。大学教授が研究の傍ら授業を担当するのも、その意味はここにある。常にメンバーを補充することで組織の活力を維持し、研究の継続性を守っていく。そのためには「科学教育」という名の布教活動が不可欠なのである。

仏教と比較することで、科学者の世界がどれほど出家的な側面を持つものか、理解していただけたものと思う。そしてそれを出家として見ることで、活動理念はより明確に見えてくる。「科学者は出家だ」と考えれば、科学者のあるべき生き方というものが自然と一つのイメージに収束してくるのである。

出家としての政治

次に、政治家の世界を出家という観点から見ていきたい。

「政治家の世界」といえば、清廉な出家者とはほど遠い、権力欲の権化のような人達が跋扈する生臭い世界が頭に浮かぶ。日本の政治状況をみても、それは出家からもっとも遠い世界のように思えるかもしれない。しかし実際には、政治家ほど出家の姿勢を問われるべき存在はないと、私は考えている。政治の世界を正しく評価するためには、出家という視点を導入することがとても重要なのだ。

政治家の場合、出家の目的は「社会の安定と平和の実現」である。「社会」というのが全世界を指すのか、自分の国家を指すのか、それとももっとスケールの小さい地方自治体を指すのか、その範囲はいろいろあり得るが、ともかく自分が属するなんらかの社会の安定と平和を人生の生き甲斐にするのが、政治家の生き方である。そしてその目的のために世俗的欲望を捨て、営利目的の業務を放棄して政治活動に専心する。出家の道に入るのである。仕事をしないのだから収入は原則ゼロ。したがって生活費や膨大な政治活動資金は、なにか別の方法で捻出しなければならない。自分の資産を食いつぶしていくというのも一つの方法。しかしよほどの資産家でなければそれは無理だ。会社経営で稼ぎながら政治活動をするという方法もあるが、そんな中途半端な形で政治に専心できるはずがない。自分の会社の利益と、社会全体の幸福を同時に追求すれば必ずどこかに不整合が出て、行動が矛盾してくる。それは真の出家を実現する道ではない。政治家が出家である以上、「一足のワラジでやっていくこと」そのものが、規律違反なのである。

結局のところ、志のある人が誰でも政治家として出家できる道は一つしかない。世間からのお布施に頼るのである。政治に真摯に取り組んでいる後ろ姿が人々の敬意を生み、その活動を応援したいという気持ちを起こさせる。この人を応援すれば、いつか必ず我々に幸福をもたらしてくれるだろうという希望を抱かせる。仏教信者が、托鉢にまわってくる出家者にお布施をする、その同じ気持ちが政治家の生活を支える。そのお布施だが、薄く広いレベルならそれは税金である。「特に政治家を援助する気持ちなどないけれど、この社会を維持していくための必要経費として、我々の税金が政治家の生活費、活動費にまわされることは仕方ない」といった比較的消極的な意味合いでのお布施である。一方、特定の政治団体や個人政治家を熱烈に応援するという意味でのお布施、つまり政治献金というものもある。こういうかたちの、「指名制」のお布施というものは、仏教のサンガでも許されている。徳の高い僧侶に対して、信者たちは「指名制」で布施をした。「このお食事を、誰々様に差し上げます」「このお寺は、誰々様のために建てました」といった具合に、自分が信奉する特定の僧侶を対象として布施を与えるのである。釈迦はこの制度を当然のこととして認めた。布施の権利は布施する側にある。もらう方があれこれ注文を出すことなどできない。だらしのない、尊敬できない僧侶が布施をもらえず、すぐれた僧侶に布施が集まる。それは布施する側が決める自然の理である。政治家の場合も同じ理屈が成り立つ。すぐれた政治家が、多くの政治献金をもらうのは当然のことなのである。

布施と見返り

ただし、ここには政治の世界特有の問題がある。仏教や科学の場合なら、布施した人は、その布施が直ちに現実的利益になって戻ってくるとは考えない。「いずれ遠い将来、なんらかの形で見返りがあるかもしれない」といった漠然とした期待感だけである。しかし政治家への布施は、すぐに見返りが戻ってくる可能性が高い。つまり、布施の見返りとして政治家に働きかけてもらって、社会状況を自分の利益に繋がる方向へ動かしてもらおうという期待である。これは、特定個人の利益のために政治家が活動するということだから、「社会全体の利益を目標とする」政治家の基本理念とは合致しない。合致しないが、税金からの薄い布施だけでは活動不可能な政治家にとっては貴重な資金源であるから、受け取らざるを得ない。また、選挙という「出家するための資格審査」が定期的にやってくる以上、特定団体にこびをうっておく必要もあり、どうしても「政治献金と、そのみかえりとしての個別利益のための政治活動」というセットは防ぐことができない。

しかし重要なのは、社会の中の特定個人や特定団体の利益のために活動することは、政治家としての本筋ではないという点である。なぜなら、政治世界の基本部分は、その社会全体からのお布施、つまり税金によって維持されているものだからである。国会議事堂をはじめ、政治のための箱物も運営費も人件費も、基本部分はすべて「私たちのこの社会全体を平和で安らかな状態に導いてほしい」と願う人々の税金で成り立っている。そこで出家するということは「仕事をやめた私は、社会全体からのお布施で生きる身となりました。ですからこれからのすべての人生を、社会全体に利益をもたらす活動のために捧げます」ということにほかならないからである。特定団体からお布施をもらって、その団体のためだけに活動するなら、一銭たりとも税金の恩恵を受けてはならない。社会全体の利益のために、必要に迫られてたまたまある特定組織を強化するというのなら構わないが、特定団体の御用政治家として動くなら、それはエセ出家である。そういう人は政治家として出家するのではなく、その団体の一員として世俗で活動すべきなのである。

このように布施に関しては政治世界独特の様相もあるが、基本が出家である以上、そこに現れる様々な規範は、仏教や科学者の世界と変わるものではない。先に挙げた科学者の規範を、政治家の場合に適用してならべてみると次のようになる。いずれも政治世界の信用を失墜させ、その存続を脅かすという意味で重大犯罪である。

・貴重な税金の一部である議員歳費や活動費を、本来の目的とは違う邪な目的のために流用する。
・政治家として給料をもらい、活動費を受け取っていながら、真面目に勉強せず、真剣な政治活動をしない。
・政治活動に専心せず、他の事とかけもちをする。
・保身のために嘘の政治情報を語る。
他にも様々な事項が考えられるとは思うが、「納税者からの布施に支えられ、その納税者の利益を人生の生き甲斐として生きる修行者」という原則に照らせば、個々に解答は得られるはずである。

選挙において我々が政治家を選ぶとき、こういった視点を持つことは大変有用だと考える。仏教とオウム真理教が、どちらもよく似た有り難い教えを説きながらも、運営の違いによって両者が全く異なる道を辿ったのとおなじく、立派な大義名分と美辞麗句で彩られたマニュフェストをいくら掲げていても、運営の指針つまり仏教で言うところの「律」をしっかり確立していなければその政治世界は脆弱になり、道を誤る確率が高くなる。「政治家のあるべき姿は出家的だ」という意識を持つことで、我々はより質の高い政治世界を構築できるであろう。

出家的に生きる

科学者や政治家といった、一見したところ出家とは縁がないように思える世界でも、出家という視点を導入することで新たな知見が得られるということがおわかりいただけたと思う。その科学や政治といった領域が、社会の流れを決めていく巨大な基盤であることを考えるなら、出家という生き方や、それを司る「律」という法体系の重要性も見えてくる。日本仏教から失われた「律」は、決して些末で意味のない非現実的な生活規則ではない。現代社会に生きるわれわれにとって、経典や哲学に勝るとも劣らぬ、「正しい生き方」を示してくれる貴重な釈迦の智慧なのである。

そしてすでに読者も気付いておられると思うが、この議論は私のように一般社会でごく普通の生活を送る者にとっても重要な意味を持ってくる。出家の意味を正しく理解することで社会構造を的確に把握できるという利点もあるが、それにもまして重要なのは、「世俗にいながらも出家的に生きる」という選択肢に気付くことで、生き甲斐を求める道が随分広がるという点である。

毎日仕事をして、その分の収入によって暮らしている人は、それだけを見れば「俗世の人」である。そこに出家の姿はない。では、そんな生活を放棄して仏教サンガに入り、托鉢で暮らすようになれば、それでその人は「俗世の人」から「出家者」へと変身したことになるかというと、それもまた疑問である。もちろん、受戒儀式を受け、髪を剃って袈裟を着れば、形式上は立派な出家である。「あの人は出家した人だ」と誰もが認めてくれるし、それなりの待遇を受けることもできる。だが出家の本当の目的は、決して「形式上の出家者になること」ではない。人生の苦悩を断ち切るための修行が自分の生き甲斐だと考え、その道に専念すること、それが出家の本義である。

それなら今度は逆に、「俗世で暮らしているからといって、それだけでその人を世俗人とみなすことができるか」という疑問が生じてくる。俗世で暮らしていれば、確かに出家生活を完全な形で実現することは難しい。だが今言ったように、出家の本義は、生き甲斐の道をひたむきに歩む、その後ろ姿にこそある。たとえ出家のための組織に身を投ずることがなくても、俗世の価値観とは違う、心に決めた特別な目標を目指して歩む人には出家の輝きがそなわってくる。

会社組織の中でサラリーマンとして暮らしていても、給料や肩書きとは関係なく、自分が胸の奥に抱いている理想を心の糧にして生きている人は大勢いるし、自営業を営む中で、きわめて精神性の高い目標に向かって日々努力している人も多い。それは科学者や政治家のように、誰が見てもはっきり分かる別世界へと丸ごと飛び込んでいくスタイルではないが、それでも俗世の価値観を離れて、独自の生き甲斐を追求しているという点で、非常に出家的である。時にはそういった生き方をする人たちがグループを作って協同作業をすることもあるが、そうなると、これはもはや一般社会の中の島社会、つまり本当の出家社会にもなり得る。

たとえば会社で働く技術者たちが、一つの壮大なプロジェクトに向かって力を合わせている時、それが自分たちの給料アップに繋がるとか、そのプロジェクトの成果が先行き大きな利益を生むとか、そんなことは忘れて、ひたすら成功に向かって全身全霊をぶつけていく、その姿は間違いなく出家である。もちろん、そういう生活もプロジェクトが終了すれば終わってしまうし、あるいは定年で会社を辞めればそこで中断する。これが、仏教のような「永続する出家組織」を持つ世界との違いであり、残念な点なのだが、それでも一般社会の中に出家的な生き方が並存し得るという事実は心強いことである。それに、出家生活が途中で終わってしまったとしても、そこになにか素晴らしい成果が残されていれば、それがその後の人生の誇りとなり支えともなる。

俗世にいながら出家するというのは確かに難しい道だ。しかしそれも気概があればできる。たとえ一般社会で俗世の決め事に縛られながら暮らしていても、気概があれば、出家的に生きることは可能なのだ。他人にはそれと分からなくても、密かに、しかし胸張って出家の道を歩むことは可能であるし、実際にそうやって歩んでいる人たちがこの世には沢山いるのである。

以上、出家という概念を切り口として、生き甲斐のための組織について考えてきた。世の中にどのようなかたちの出家的世界がどれくらい存在しているのか、私には全くわからない。だがともかく、これからそういった生き甲斐組織に身を投じようとする多くの人々にとって、あるいはまた、そういった生き甲斐組織を運営している人達にとって、本書で紹介した「律」の教えがなんらかのヒントになるのなら、なによりの喜びである。

あとがき

私は現在、こうして仏教学者として暮らしているが、二十代前半までは科学者の道を志していた。科学者を目指して大学卒業までは漕ぎつけたのだが、そのあたりから科学の根底にある哲学性に興味の対象が移っていって、様々な思想領域を遍歴するようになった。そんな中で、仏教の奥深さに心惹かれ、そちらへと方向転換したのである。そのため科学者になるという当初の目的はあきらめた。しかし、今でも科学世界に対してはあこがれと敬意を持っている。科学こそは人類が智慧の力を使って手に入れた至宝であり、その道を進み行く人は、世界で一番カッコいい人だと思っているのである。だから私は、日本が「科学大国」として世界の雄になったことを心から誇りに思っている。日本は本当にカッコいい国なのだ。

だがその私から見て、現在の日本の科学は衰退への道を転がり落ちているようにみえる。「日本の科学が滅びる」などというと「おおげさなことを言うな」と叱られるかもしれないが、それはもう目前に迫った現実ではないかと思う。

「科学が滅びる」というのは、日本に科学者や科学技術者が一人もいなくなるとか、科学系の大学がひとつもなくなるとか、そういった極端な状況を指すのではない。どのような世になったとしても、科学を志す人は現れるだろう。科学者や科学技術者という肩書きを持つ人たちが消えることはない。しかしその中から、「世界の最先端を切り開く人たち」「その領域で世界一の仕事をする人たち」が現れなくなったなら、それは「その国の科学が死んだ」ことを意味する。なぜなら科学の根本の意義は、「まだこの世に知られていない宇宙の真理を、智慧の力によって切り開くこと」であり、それは最先端において初めて可能になる活動だからである。

すでに他の誰かがやってしまった仕事の、その残務整理をいくら真面目に続けても、それは科学の本領ではない。他の人が見つけた基本原理を利用して、ちょっとした改良品を発明しても、科学の本道ではない。科学や、その応用領域としての科学技術が進展していくためのエネルギーはすべて、「真理の発見を目指す」というその一点から生まれてくる。「この世の本当の姿を知りたい」という根源的な欲求が原動力となって、宇宙の誕生とか数学の根本原理といった深遠な問題の探求から、より日常的な実用物の発見、発明まであらゆる関連世界が動いていく。したがってそのエネルギー源が衰微して「真理探究の志」が消えたなら、いくら科学的な仕事に従事する人がいたところで、そこに科学の本体はない。自力で最先端を切り開く力がなくなって、他所から入ってくる情報を頼りに二次的な改良作業ばかりするようになったら、その国の科学は死んでいるのである。今の日本は、そういった科学の志を受け継ぐ人が減っている。今現在、世界から賞讃されている日本の科学力も、その多くは日本が活力にあふれていた頃の成果である。「日本の科学はもうすぐ死ぬのではないか」。この十年くらい、そういう思いを抱きながら過ごしてきた。そしてその科学世界の来し方、先行きをあれこれ考えているうちに、「科学者とは出家だ」ということに気づいたのである。

私はインド仏教を研究しており、中でも古代インド仏教世界で用いられていた「律」と呼ばれる法律の専門家である。律を扱っていると、いつも仏教を「人の集団」として見る癖がつく。俗世とは異なる、独自の価値観を持つ人たちが集まって作る島社会として仏教を見るようになるのである。そしてその視点で科学者の世界を眺めてみた時、仏教と科学は「同次元の出家世界だ」ということが見えてきた。どういった点で同次元なのかは、すでに本文中で詳しく論じたが、両者の原理が同じならば、衰退の道をすべり落ちている日本の科学に対して、仏教の側からなんらかの有益な提言ができるのではないかという思いが湧いてきたのである。

仏教、特に釈迦本来の仏教は、二五〇〇年の間、形態を変えることなく続いてきた。二五〇〇年間生き延びてきた組織である。一方、その仏教の類似体として登場してきたオウム真理教は、よく似た運営形態をとりながら、わずか十年足らずで消滅した。したがって、一つの出家世界が末長く生き続けることができるか、あるいはたちまちにして滅亡するか、その分かれ目は仏教とオウム真理教の運営方法を比較することで明確化できるはずだ。そしてそこで得られた知見を科学世界に適用すれば、科学という出家社会が末永く生き続けるための要件を提示できるはずだ。そう考えるようになった。これが、本書を書き始めたきっかけである。

そうやって、仏教、オウム真理教、科学という一見したところちぐはぐな取り合わせの組織を一括して考察するようになった。するとたんに、「他にも出家者の世界はいくらでもある」ということに気づいたのである。「楽に生きたい」「裕福になりたい」といった一般社会の価値観を捨てて、それとは別の独自の価値観を人生の目標として設定した人たちが組織を作って活動するなら、それは皆出家ではないか、と思い至ったのである。そしてとうとう、仏教、オウム真理教、科学、政治という、とんでもない取り合わせを扱う考察に踏み込んでしまった。その論考がどれほど実のあるものになったかは、私にはよく判断できない。なにしろ先例のない視点からの研究であるから、うまくいったかどうか判断する基準もない。ただ、こういった見方で人の世の生き方を見ていく方法もあるという、そのテストケースとして本書を上梓する。

読者諸氏にお願いしたいことはただ一つ。生き甲斐のための組織というものが健全に存続していくことが、その社会にとってどれほど重要な意味を持つものかを理解し、「正しい出家世界を守らねばならない」という共通認識を持っていただくことである。一般社会の人々が、出家世界をどう扱うか、というその関係性が、社会全体の方向性を決める重要な基点になっている。出家世界を守れなくなった社会は、皆が目先の欲望や保身だけで利己的に動き回る低劣なものになる。利益追求のための組織はもちろん必要だが、生き甲斐のための組織がなければ社会は迷走する。そしてその生き甲斐のための組織の基本原理が出家なのである。

科学、政治といった日常的な組織が実は出家だということを指摘してきた。今現在の私の考察範囲はここまでである。他にも似たような出家社会が沢山あることはよく承知している。たとえば「まえがき」でも触れたように、芸術家の世界。自己表現にすべてをかける真の芸術家の世界は明らかに出家である。だが、その活動は本質的に個人的なものであって組織を必要としない。もちろん過去の先達の作品を学んで自分の作風を確立するとか、あるいは作品を社会的流通機構の中で売るといった、他人との関わりを必要とする要素もあるが、それが必要条件ではない。自分ひとりで志を立てて芸術世界で生き、作品を残し、評価されることなく死んでいったという例はいくらでもある。そう思うと、「同じ価値観を持つ者が独自の組織を作って活動する」という出家の在り方と芸術家の生き方は幾分ずれる。そこに「世捨て人」の要素が含まれてくるのである。

このように、この社会には多くの出家世界や出家的世界が、それぞれの個性を持って数多く並存している。しかし、その一つひとつを個別に取り上げ、分析するほどの余裕も力量も私にはない。今は基礎の原理を提示することで精一杯である。今後、様々な方の助力を得ることで、さらにこの問題を一般化していきたいと考えている。

本書は、新潮社編集者、三辺直太氏のひとかたならぬご苦労の末に生まれた。私が書いたというより、三辺さんの熱意が私に書かせたと言うべきである。三辺さんは私の著作をすべて読み、何度も京都に足を運び、私の講演には必ず顔を出し、私という人間の思考の隅々を知り尽くした上で、本書の執筆を提案してくださった。編集とはこれほどまでに意義深い仕事なのかとあらためて感嘆している。三辺さんも「出家の志を強く持った人」だと私は思う。そんな人と二人で「出家の本」を書いた。感慨は無量である。心より感謝申し上げる。

そしてもう一人、私の妻、日嘉里にも謝意を表したい。あちこち行き惑う私の思考を客観的に整理し、舵取りしてくれたおかげで、こうして苦難の海を渡りきることができた。その情愛に心から感謝する。

この世で生きる、数多くの誇り高き出家者たちに幸多からんことを。

二〇一一年三月　　佐々木閑

新潮選書

「律《りつ》」に学《まな》ぶ生《い》き方《かた》の智慧《ちえ》

著　者………………佐々木《ささき》 閑《しずか》

発　行………………2011年 4 月20日
4　刷………………2024年11月20日

発行者………………佐藤隆信
発行所………………株式会社新潮社
〒162-8711 東京都新宿区矢来町71
電話　編集部 03-3266-5611
　　　読者係 03-3266-5111
https://www.shinchosha.co.jp
印刷所………………株式会社光邦
製本所………………株式会社大進堂

乱丁・落丁本は、ご面倒ですが小社読者係宛お送り下さい。送料小社負担にてお取替えいたします。
価格はカバーに表示してあります。

ISBN978-4-10-603675-0 C0314

親鸞と日本主義

中島岳志

戦前、親鸞の絶対他力や自然法爾の思想は、国体を正当化する論理として国粋主義者の拠り所となった。近代日本の盲点を衝き、信仰と愛国の危険な蜜月に迫る。《新潮選書》

「社会的うつ病」の治し方

人間関係をどう見直すか

斎藤環

薬も休養もとっているのに、なぜいつまでも治らないのか。人間関係の大切さを見直し、「人《ひと》薬《ぐすり》」と「活動」の積極的活用と、細かな対応方針を解説する。《新潮選書》

キリスト教は役に立つか

来住英俊

信仰とは無縁だった灘高・東大卒の企業人は、いかにして神父に転身したか。なぜ漠然と抱えてきた孤独感が解消したのか。「救いの構造」がわかる入門書。《新潮選書》

仏教思想のゼロポイント

「悟り」とは何か

魚川祐司

日本仏教はなぜ「悟れない」のか——。仏教の始点にして最大の難問である「解脱・涅槃」の謎を解明し、日本人の仏教観を書き換える。大型新人、衝撃のデビュー作。

ゆるす

読むだけで心が晴れる仏教法話

ウ・ジョーティカ

魚川祐司訳

なぜ親は私を充分に愛してくれないのか——幼いころから抱えてきた怒りを捨てた時、著者の心と身体に起きた奇跡とは？　世界中の人が感動した、人気僧侶の名講演。

自由への旅

「マインドフルネス瞑想」実践講義

ウ・ジョーティカ

魚川祐司訳

「いま・この瞬間」を観察し、思考を手放す——最新脳科学も注目するウィパッサナー瞑想を、呼吸法から意識変容への対処法まで、人気指導者が懇切丁寧に解説する。